杨 芳◎著

深度学习理论指导下的大学英语教学模式革新与优化

吉林人民出版社

图书在版编目（CIP）数据

深度学习理论指导下的大学英语教学模式革新与优化 / 杨芳著 . -- 长春 : 吉林人民出版社 , 2023.10

ISBN 978-7-206-20569-9

Ⅰ . ①深… Ⅱ . ①杨… Ⅲ . ①英语 – 教学模式 – 研究 – 高等学校 Ⅳ . ① H319.3

中国国家版本馆 CIP 数据核字（2023）第 204910 号

责任编辑：张　娜
封面设计：马静静

深度学习理论指导下的大学英语教学模式革新与优化
SHENDU XUEXI LILUN ZHIDAO XIA DE DAXUE YINGYU JIAOXUE MOSHI GEXIN YU YOUHUA

著　者：杨　芳
吉林人民出版社出版　发行（长春市人民大街 7548 号　邮政编码：130022）
咨询电话：0431-85378033
印　　刷：北京亚吉飞数码科技有限公司
开　　本：710mm×1000mm　　　1/16
印　　张：8.75　　　　　　　字　数：147 千字
标准书号：ISBN 978-7-206-20569-9
版　　次：2024 年 4 月第 1 版　　印　次：2024 年 4 月第 1 次印刷
定　　价：48.00 元

如发现印装质量问题，影响阅读，请与出版社联系调换。

前　言

随着技术改革与全球化不断推进,在知识呈现爆炸式增长这一背景下,对常规的技术型人才的需求不断减退,而对于创新型人才的需求不断增加。如今,学会学习、学以致用、不断发展与创新要比单纯获得知识更为重要。作为教育中强有力的一环,高等教育的深化改革关系着我国人才强国战略的实施。而作为追求学习目标多样化、学习过程深入化、学习结果多维化的学习理论框架,深度学习近些年受到广大学者的关注。深度学习与浅层学习相对,是一种积极主动的、高投入的,注重深度加工与归纳整合的学习,这有助于知识的建构与迁移。深度学习涉及高阶思维与问题解决等能力的培养,有助于学生学习能力与实践创新能力的提升。2017年,美国新媒体联盟发布的《地平线报告(高等教育版)》明确指出,深度学习是未来五年甚至更长时间推进高等教育改革发展的关键方向,因此以深度学习作为目标导向,转变学生的学习方式,培养学生的核心素养,提升学生的素质和能力,形成顺应社会发展的适应能力与竞争力是促进我国高等教育深化改革的关键。

在高等教育中,英语作为一门以语言为载体和学习内容的学科,不仅让学生学到英语知识,还将语言能力、思维品质、文化品格、学习能力等融入英语教学目标之中。目前,深度学习在具体的学科研究中逐步增多,但是在英语学科上对于大学英语的研究还比较少。因此,本书从这一层面着眼,目的在于探究大学生英语深度学习的现状,发现存在的问题,并提出切实可行的建议和策略。

总体来说,本书针对大学生英语学习存在的问题,从学生、课堂、教师、评价等层面提出了大学生深度学习的建议：明确深度学习的理念、了解学生深度学习的策略、创新深度学习的模式、发挥教师的作用、发展多元评价模式、构建英语课堂创新内容,为学生营造深度学习的氛围,推进大学生的英语深度学习。另外,本书在撰写中凸显了比较强烈的问题意识,紧扣大学生的学习与课堂教学实际研究和探讨了大学生英语学习的问题及深度学习的改进策略。本书对于深度学习的研究不仅限于学生个人,还拓展到学校、社会层面,从内外两大维度对大学生英语深度学习展开了探讨,实现了理论与实践并举。

  在本书的撰写过程中,作者参考了诸多相关的研究成果,也引用了其中一些观点,这里表示感谢。当然,不可否认的是,本书存在一些不足之处,如在研究思路、研究方法、写作规范等层面还有待商榷。但是本书倾注了作者的大量心力,相信本书的出版,不仅能够为一线英语教师、英语教学管理人员提供有益的参考,还能给予英语教育学、心理学等工作者一些启示。

杨 芳

2023 年 7 月

目 录

第一章 绪 论 …………………………………………………… 1
    第一节 深度学习理念的提出 ………………………………… 2
    第二节 深度学习理论对大学英语教学的指导 ……………… 8

第二章 深度学习理论指导下的大学生英语学习的调试策略 …… 17
    第一节 大学生英语学习的内在调试策略 …………………… 18
    第二节 大学生英语学习的外在调试策略 …………………… 33

第三章 深度学习理论指导下的大学英语教学的创新理念 …… 39
    第一节 坚持"以学生为中心"的教育理念 ………………… 40
    第二节 注重学生差异,实施分层教学 ……………………… 42
    第三节 做学一体,实行项目教学 …………………………… 46
    第四节 引导学生进行自主学习与体验式教学 ……………… 49

第四章 深度学习理论指导下的大学英语教学的创新模式 …… 58
    第一节 多模态教学模式 ……………………………………… 59
    第二节 翻转课堂教学模式 …………………………………… 62
    第三节 慕课与微课 …………………………………………… 64
    第四节 混合式教学模式 ……………………………………… 70

第五章 深度学习理论指导下的大学英语教学的创新内容 …… 79
    第一节 指向深度学习的大学英语基础知识教学设计 ……… 80
    第二节 指向深度学习的大学英语基本技能教学设计 ……… 85

第三节　指向深度学习的大学英语跨文化交际教学设计……… 95
第六章　深度学习理论指导下的大学英语教师与评价…………… 97
　　第一节　促进深度学习的大学英语教师专业化发展………… 98
　　第二节　促进深度学习的大学英语教学多元化评价………… 104
第七章　深度学习理论指导下的大学英语教学的创新发展……… 119
　　第一节　基于深度学习理念的大学英语生态课堂构建……… 120
　　第二节　基于深度学习理念的大学英语 ESP 教学 ………… 124
参考文献………………………………………………………………… 127

第一章 绪论

随着知识更新速度加快,我们开始对知识的学习方法与效率进行深刻反思。《国家中长期教育改革和发展规划纲要(2010—2020年)》中明确提出要全面提高大学教育品质,积极培育创新型人才,同时注意学思结合,并提倡启发式、探究式的教学,引导广大学生学会学习。

学习是面向21世纪的全新教育理念与学习方式,其内涵特征与我国教育改革方向高度契合,也是促进全面发展、提高核心素养、助力终身学习的重要途径。因此,本章在阐述大学生英语学习的问题以及深度学习内涵的基础上,归纳深度学习的特征与过程,并论述深度学习理论对大学英语教学的指导。

第一节 深度学习理念的提出

一、深度学习的内涵

对深度学习的关注同时存在于技术领域和教育领域，但二者内涵大相径庭。在技术领域，深度学习指机器学习的一个算法，主要应用于文字、图像和语音的识别，机器翻译等方面。而在教育领域，深度学习是以促进知识迁移、培养学习者高阶能力、提升学习质量为目的的一种全新教育理念与学习方式。

深度学习理论在教育领域的最早出现是在20世纪50年代中期，瑞典的两名专家在哥德堡大学开展了大量试验，随后于1976年发表了《学习的本质区分：结论和程序》一文，文中指出，研究者获得和加工信息的方法可分成深度学习和浅层学习[1]。相对而言，我国深度学习的研发晚于国外。2005年，黎加厚教授在《促进学生深度学习》论文中，从布鲁姆的教学目标分类学的角度界定了深度学习，他提出"深度学习是指在知识掌握的基础上，研究者可以批判性地掌握新的观念和事实，并把其渗透到自身的认知结构之中，可以在许多观念之间展开连接，也可以把现有的认识转化到全新的环境之中，进行判断与解决问题的学习"[2]。这一定义也得到了学术界的认同，同时该文被认为是国内较早介绍并梳理深度学习的研究成果。结合目前人们对深度学习的理解，深度学习是一个积极的、批判性的、高效的和有意义的学习方法。在学习模式上，深度学习是由学习者内在驱动力所引起的与学习情境之间的主动互动；在学习过程中，学习者投入认知加工和问题解决，从而有效提升高阶思维能力[3]。

---

[1] 何玲，黎加厚.促进学生深度学习[J].现代教学，2005（5）：29—30.
[2] 同上.
[3] 沈霞娟.促进大学生深度学习的混合学习设计研究[D].西安：陕西师范大学，2021.

深度学习是一种对新概念存在着批判性的学习方法,把新的知识和传统的知识结构相结合,并将现有的知识转移到新的环境中,使学习者学会如何做出决定、如何解决问题。学习是一个认知的过程。而"深度"的意义在于知识背后的机理,强调知识背后的逻辑。深度学习与浅层学习是两个相对的概念,前者更注重学生能否深入地解析书本知识,理解书本中所包含的价值与内涵,并从表层信息中培养学生的学科核心素养、理解能力以及认知能力。大学英语深度学习是在大学生对英语知识进行深度挖掘的基础上,对所学内容进行深刻的认识,将系统化知识融入自身的知识体系中,并学会运用、掌握并深刻理解深度学习的重要性。对于大学生来说,在英语课程中进行深度学习可以帮助自己加深对英语的认识,促进英语学习,熟练运用英语,提升自身核心素养。

总之,笔者认为,深度学习是指在教师引领下,学习者在认知的基础上批判性地掌握新内容,并对一个富有挑战性的知识课题全身心积极参与、获得成果,能力得到提升的学习活动。

二、深度学习的特征

(一)理解性创造,批判性评价

深度学习概念具有理解与批判性的特点,对知识原理、含义的把握是深度学习概念的一个重要组成部分,而在大学英语教学中,有些学生的学习方法以死记硬背为主,这种学习方法并不能真正内化英语学习。针对以上问题,深度学习思想具有创造性和评估性,它的主要目的是培养学生的综合学科素养,让英语与生活融为一体。这就需要教师在课堂教学中培养学生的社会性行为,注重学生的成长、发展,促进学生的创造性思维。深度学习要求学生用心分析、理解、感知,运用批判思维发现、积极开展讨论,将理论知识与实际活动相结合,并根据生活经验、学习经验进行判断分析,通过论证、评价、联想等方法培养学生的正面情绪和文化价值,帮助学生提高学习成绩,达到学习的最佳效果,培养学生分析和解决问题的能力,从而能够理解和记忆主要知识点。

（二）迁移应用，整合构建

深度学习概念具有"迁移"与"应用"的特点，应用知识的特性转移是学生拓展自身"知识体验"、实现学习"内化"的最好方式，从而达到"学以致用"的目的。在知识整合和理解的基础上，用间接体验的方式对书本上的知识进行深入的阐释。充分利用深度学习概念中整合与建构的特点，整合其学习重点，对教学内容进行归纳与梳理，将零散的问题整合起来，让学生不再把知识看作是零散的、孤立的个体，而是把它们串联在一起，形成一个逻辑完整的整体。综上所述，深度学习概念有助于对原有的知识进行加工处理和迁移应用，使学生能够进行创造性的探究，将新旧知识相结合，形成一个系统的知识体系。深度学习概念对学生进行学科思维、创新和应用能力的训练，使其判断问题中的关键要素，培养学生在实践中利用所学知识，促进学生全面发展。

三、深度学习的过程

美国教育心理学家布鲁姆首创"教育目标分类法"，将教育目标划分为认知、情感、动作技能三个领域，并构建了教学目标系统。其中，将认知范畴的教学目标由低至高包括六大维度：识记、理解、应用、分析、综合和评价。黎加厚教授强调，浅层教学的认知水准停滞在识记和理解上，而深度教学的认知水准则相应在后四层，即应用、分析、综合、评价。[1]

吴秀娟等人结合加涅的九段教学论以及国外研究者对深度学习框架的构想，建立了一种全新的教学流程，其包含几项步骤，即注意和预测、激发原有认识、选择性认知、融合新认知信息、批判性分析、认知的建立或转换、应用、创造、评价。[2] 其中，"批判性分析""认知的建立或转换"有助于深入加工新认识。"应用"与"创造"是深度学习的高阶表现；"评价"贯穿于整个学习过程。

---

[1] 何玲，黎加厚.促进学生深度学习[J].现代教学，2005（5）：29—30.
[2] 张浩，吴秀娟，王静.深度学习的目标与评价体系构建[Z].北京：中国电化教育，2014.

本书结合以往研究与深度学习的内涵特征,将深度学习的过程归纳为以下五个环节,如图1-1所示。

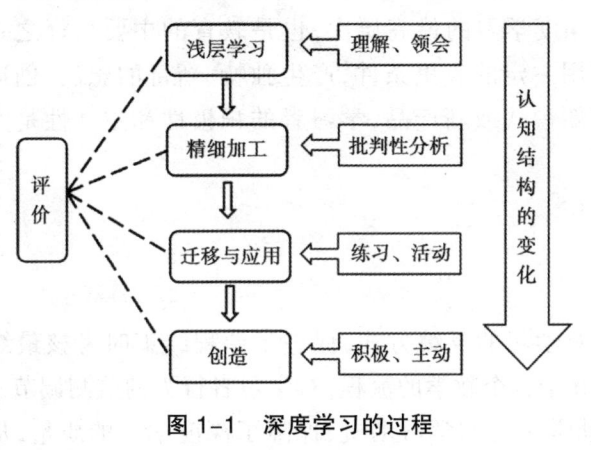

图1-1 深度学习的过程

（一）浅层学习

通常学习者开始学习新知识时处于表层的学习阶段。该阶段是深度学习的起点,能够起到铺垫作用,扎实的基础知识有助于进行深度思考。

（二）精细加工

在深度学习的过程中,学习者需要对知识进行精细加工。精细加工是在充分理解知识的前提下,批判地对信息的意义进行加工。知识的精细加工是深度学习的初始阶段。

（三）迁移与应用

不论是浅层学习还是对知识的精细加工,都是为了能够解决实际的问题。因此,正迁移的大量产生有助于学习者巩固所学知识,将知识有效地运用于问题解决,从而提高学习者的综合应用能力。

（四）创造

创造是深度学习的最高层次，也是教育的主要目标之一。创造指的是个体利用一定的表里条件，产生独特、新奇的想法，创造出有社会和个人价值新模式或新产品，学习者的积极性和主动性是实现创造的基础。

（五）评价

评价是对学习的反馈方式，促进了课程结束时考核最终成绩的提高。评价贯穿于整个教学的流程，对学习者行为的监测调节、判断、反馈和总结，调动学习者的学习动机，保障了深度学习的质量，从而促进学习者的发展。

四、深度学习与课堂教学的融合

现阶段，由于受各种因素影响，导致部分大学生对于英语学习只停留在表面，缺少抽象思维与推理能力，甚至个别学生对英语学习失去信心。因此，教师应该为学生制订长远的教学规划，不仅要巩固学生的英语基础知识、提高实践能力，还要培养学生情感价值，让深度学习理念走进课堂。

（一）以预习为基础，为学生深度学习奠定基础

学生在学习不同的知识时，从了解到熟练掌握需要一定的过程，但往往学生无法利用英语知识解决具体的问题，其原因就在于学生并没有完全将英语知识消化理解，导致在运用过程中出现差错。由于课上教学时间固定，个别学生不能在课上对英语知识进行全面掌握，就需要更多的时间去理解。针对这一现象，教师应注重课前预习环节，让学生在课前对新知识有所了解，并根据自己的预习尝试做一些课后练习题，有利于课堂上进一步学习。教师需要充分了解不同学生的学习特点，布置针对性的预习任务，合理把控预习任务的难度，并为学生提供一些辅助预

习的学习材料,帮助学生扫除学习障碍。

(二)以问题促进思考,打开学生深度学习通道

学生有思考才会进行深度学习,如果针对某一个知识点,教师讲什么学生就接受什么,没有任何疑问,这种被动式学习无法实现深度学习。只有学生主动思考,发现问题,才能通过自主探究或者合作交流深入挖掘英语知识,实现深度学习。这要求教师应以学生为本,基于学生最近发展区合理设计问题,引导学生针对疑惑的地方提出问题,以问促思,调动学生主观能动性。

(三)加强实践操作,提高学生深度学习乐趣

很多学生对英语知识的理解只停留在浅层,多数原因是大部分学生都是只接受教师口述的讲解方式,并没有真正参与到实践过程中,因此必然对一些知识存在模糊的认识,在利用英语知识解决问题时,思路不清晰。所以,教师应该为学生营造实践性较强的学习环境,鼓励学生积极参与实践,促使学生进入深度学习状态,并发现实践的乐趣。

(四)联系生活实际,促进学生深度学习

在教学中,教师不仅要加强前后知识的联系,还要加强知识与实际生活的联系,提高学生解决实际问题的应用能力。首先,教师需要深入分析教材内容,加强教材内部信息的联系。其次,教师需要增强教学深度,不要仅停留在知识表面,还要注重培养学生的核心素养。所以,教师应突出英语知识在实际生活中的应用价值,开展深度学习才能有效加强英语知识与生活实际的联系。

第二节　深度学习理论对大学英语教学的指导

一、改变传统教学模式，促进学生深度学习

在传统的教学模式中，教材怎么写，教师就怎么讲，教师普遍"精讲多练"。但"精讲多练"的实质是教师用简短语言直接告诉学生知识，节省出更多的时间对学生进行大量机械重复的练习。这种模式培养的是学生的应试能力，忽视了其对知识的探究与推导过程，忽略了对学生思维能力的培养，学生的思维具有浅表性。本书以提升学生的核心素养为导向，将传统教学中的"精讲多练"改为教师引导学生多探究、多实践，依据科学知识内在的本质联系和学生认知规律进行大单元教学，以真实的问题情境为支架，让学生通过动手、动脑，在解决现实生活实际问题的过程中，突破知识表层，触及对学科本质及规律的理解，推动学生进行深度学习，培养其解决问题的能力与创新能力。

（一）改"精讲多练"为精讲多探究

精讲多探究强调在教学中以学生为主体、以教师为主导，把课堂还给学生，把学习的主动权留给学生，而把课堂主导权留给教师。这对防止教师"一言堂"、从上课讲到下课有一定的促进作用。

"精讲多练"这种基于应试教育思想的观点，误导了许多教师的教学行为。"精讲"精减掉了学生对知识的探究和发现过程，简化了对学生思维的培养与开发过程，"精讲"则变成了教师用最简短的语言直接告诉学生知识，忽略对知识的积极探究与推导过程，使知识相互割裂、相互孤立，导致学生对知识缺乏整体认知。

"多练"实际成了"题海战"，用"精讲"后节省出的时间对学生进行大量的、被动的、重复的练习，用"题海战"强化学生对知识的理解和记忆。

笔者主张教师在教学中如非必要,应尽量减少或避免直接告诉学生知识点,宜通过精心点拨引导学生学习发现知识的方法与思维,"授之以渔"而非"授之以鱼"。改"多练"为多实践、多探究,把"精心点拨"与"多探究、多实践"作为落实英语核心素养目标的根本途径,遴选教学措施,引导学生在解决现实生活问题的过程中,自己探索发现知识,知道知识怎么来、从哪里来;突破知识表层,触及对学科本质及规律的理解;建立知识的内在联系,形成知识的整体结构,跨情境迁移及创造性解决问题;促进学生对知识的深度理解,培养学生分析解决问题的能力、创新能力。

(二)实施大单元教学

实施大单元教学,推动学生的深度学习,应依据知识间内在的本质联系与学生认知规律,创设真实的问题情境,以真实的问题为支架,或在教材原有单元编排体系的基础上融合其他单元知识,或打破教材原有单元编排体系,对同一单元内知识、不同单元间知识以及跨学科知识进行系统性重构。有针对性地设置教学方法,使学习的过程更契合学生的学习需要,更契合核心素养发展的需求,更关注学生在获取知识的过程中是否掌握学习方法、学习是否真正发生。

1. 在教材原有单元编排体系的基础上融合其他单元知识

教材中的单元知识,常常是基于学段的某一主题或某一模块的知识。这种教材单元编排体系,有利于保持该单元知识学习的连贯性,但割裂了知识模块间的相互关系,使知识碎片化,忽视了对知识的整体认知,不利于学生对学科本质及规律的理解,不利于对学生分析解决问题的能力和创新能力的培养。在教学中,教师应在以教材中原有的单元编排体系进行教学的同时,挖掘贯穿于单元教材中的跨学科知识概念,将其与教材中原有的单元知识相融合,进行大单元教学。这既能保持教材原有单元知识体系的连贯性,又有助于学生理解知识模块间的相互关系,使学生理解知识的系统性与学科的本质及规律。

2. 依据单元知识之间的内在本质联系,对单元内知识进行重构

分析各知识点之间内在的联系,把看似零散的、孤立的、割裂的知识

整合起来,使学生理解知识点之间的内在联系,超越单纯、孤立、点状、碎片化的基础知识和基本技能的传授。提取出知识点之间相互关系的大单元,用大单元教学,使学生理解知识的形成过程,让学生通过学习,建构和完善结构化的知识体系。

3.跨单元对知识进行重构

将单元知识巧妙地进行串联,找到不同知识之间的共通点,把多个单元的知识进行系统性重构,可使学生对知识的理解更通透、更彻底,让学生在学习过程中突破知识表层,理解学科本质及规律,建立知识的内在联系,形成整体结构,从而培养学生的高阶思维,提升学生的核心素养。

(三)让学生在实践中学习和感悟知识

聚焦学生思维的发展,创设问题情境。教师带领学生参与提出问题、分析问题,让学生在探究解决问题的过程中获得知识、理解知识,提高其思维的参与度。

总之,不拘泥于教材的编排体系,精心引导学生按照认知规律和知识间的联系与本质对单元知识进行系统性重构,实施大单元教学,让学生多实践、多探究,才能有效促进深度学习,培养学生的高阶思维,提升学生的科学素养。

二、改革教学制度,制订深度学习目标

(一)建立健全的教学制度

建立健全的教学制度,是以"深度学习"为基础的改革,是教师与学生之间的教学与学习策略的有效调整。英语课程的主要目标是学习一门新语言。在非母语的情况下,语言学习很吃力,离开了英语对话的环境,没有特定的英语语境,学习英语的效率就会降低。英语教师要善于创造英语语境,创造英语学习的气氛,并利用英语对话活动进行深度学习,提高对英语知识的理解和运用。在实施英语教学的过程中,教师是组织和引导者,实施持续的评价和反馈可以使教学活动得到规范,加大深度合作学习模式实效性的同时,也可以使学生更好地理解英语课堂教学内容,为达到预期的教育教学目标打下坚实基础。在进行教学反思时,教师要对自己的教学情况进行总结,构建深度协作学习模式,这样既有利于提高学生的深度思考能力,又可以优化教学策略,完善教学结构,从而为提高教学效果打下坚实的基础。

例如,教师要围绕教育主题建立英语教学环境,首先提出一个较难回答的英语问题,让学生在实际环境中分析和解决问题。这不仅可以让学生在文化和语言上有更多的知识储备,同时也可以帮助他们提高自身的核心素养。其次,在英语教学环境的营造下,教师可以通过情景的想象和创立激发学生的学习兴趣。通过描绘阐述、记忆检索、感知主义、创造想象等深度学习的方法,将其真正地融入英语课堂中,建立学生与教师的深度学习模式。

(二)创建竞赛激励

学习英语是一个持续的过程,同时需要在实践中多加运用,以此来积累经验,体会知识的魅力,从而更好地迁移和运用英语知识。学习英语既是一个语言习得的过程,又是一个持续练习和运用的过程。在英语学习中,教师可以用竞赛激励学生,加深学生对英语的认识和理解,促使深度学习更好地进行。竞赛是一种能让学生自我净化、自我完善、自我革新、自我提高的方式,大学生思维发育更加成熟,他们也愿意用竞赛的方式展示自我,激发自己的学习潜力。

同时,在竞赛过程中,学生对知识的内涵和运用方式有了更深刻的认识,从而在实践中不断提升英语的知识运用能力。实施深度学习活动需要根据英语课程的单元主题、总体学习目标以及学生的知识经验来确立学习过程。在英语教学中,教师可以给学生提供相互督促对方的机会,使他们在友善的竞赛中体会到每个词汇的用法、含义,理解特定词汇在何种情况下使用最恰当,如何将特定的句式灵活运用于所学的句子中。另外,教师可以在英语课中随意选择一些学生,在角色对象的不断交换下演绎课文内容,使学生对英语课文的理解更加深入,实现自主学习,获得优质的学习效果。

(三）搭建深度思考目标框架

要想实现深度思考，制订正确的教学目标非常关键。首先，教师要根据教材的主题和学生的学情，把培养目标引入培养核心素养的标准之中。其次，对目标的分解与替换，将一级目标划分为相应的二级、三级目标，从而增强了目标的针对性。例如，一级目标是提高学生的英语技能，使他们掌握文章的基本知识；二级目标是理解和记忆篇章中的单词，并能准确掌握某些关键的语法结构；三级目标是获得完整的文本信息，从而为语言的输出和写作能力的提高打下基础。

（四）设计深度学习目标

现阶段，单元整体教学模式得到了广泛应用，在深度学习指向下，教师要立足于单元整体，合理设定教学目标。每个单元都有一个总的目标，学生要在单元结束后完成。教师要把握好这个总的目标，进行教学。为了确保每个课程的教学内容都能与单元目标紧密结合，教师可以通过分解来达到更好的效果。以记忆、理解、应用、分析、评估、创造六大准则为核心，进行整体的学习和运用。记忆领悟类的教学目标既能使学生更好地了解和掌握英语的基本知识，又能使他们迅速地从课文中提炼出重要的信息，并能对全文进行归纳。

（五）发展高阶思维能力

为了充分融入英语教学，教师必须发挥自己学习伙伴和指导者的双重身份，设置具有挑战性的教学内容，使学生能够更加专注、积极地投入英语学习中。在英语教学中，教师应该以深度学习为教学目的，培养学生深层思维的能力，并指导其深入学习；在掌握学习方法的基础上，从情感价值和文化价值观念入手，使整体素质得到全面提升。因此，教师要根据自己的主观意愿和学习进度，制订有针对性的深度学习目标，培养学生高层次的思考能力，使其获得理想的学习成果。教师需要鼓励学生，尽管大学英语学习难度增加，但是只要不放弃学习英语，都可以取得令自己满意的分数。学习不能一蹴而就，也不能单纯靠教师引导，让学生参与到英语学习过程中。教师可以给学生制订一个深度学习目标,然后引导学生主动参与其中,让学生变"要我学"为"我要学",构建积极自主的课堂环境。

总而言之,在英语教学中,教师应充分融入深度学习的理念,以培养学生为中心,从"听、说、读、写、译"等方面培养学生的语言能力。这就需要教师以深度学习为指导,以高阶思维为目标,创建真正的学习情境,使学生主动地参与到课堂中,关注他们的学习状况,指导学生进行深度思考。长此以往,能推进大学英语创造性教学,充分挖掘学生英语学习的潜能。大学英语教师要重视英语教学的深度学习理念,制订合理的学习目标,引导和激励学生自主学习,使他们成为英语课堂的主人,为后续的学习奠定良好的基础。

三、利用信息技术,多元赋能深度学习

深度学习是在浅层学习的基础上,加工知识、运用知识以及进行创造的过程。何克抗认为,建立科学的教育课程观念是有效进行深度学习的必要条件之一。[①]

综上所述,笔者认为促进深度学习的发生和发展可以从教育观念和教学设计入手。

(一)教育观念

深度学习的目的是把学习者培养成具备深层认知能力的人,因此在教学过程中教师树立正确、合理的教育观念尤为重要。在教学实践中,以奥苏泊尔的"有意义接受说"为指导思想,营造理想的教学氛围,合理使用各种教学方法,树立"有意义传递——主导下探究相结合"的教学观念,并赋予学生学习自主权,优化自身知识结构,获得更多的学习体验。

深度学习提倡在公平、开放、互助互惠的原则下形成"学习共同体"。这里的"学习共同体"是指,新的学习共同体除了建立在师生之间、教师之间、学生之间以外,还建立在学生和家长之间,并且在课内与课外都保持联系。对于教师来说,在新的学习共同体中要成为其中一员

---

① 何克抗.深度学习:网络时代学习方式的变革[J].教育研究,2018,39(5):111—115.

与学生共同学习，除了站在学生的角度观察学生的学习进度外，还要得到及时的反馈。对于学生来说，要在与各成员间建立学习共同体的基础上，做到及时反馈自己的学习状况与进程，从而确定学习目标及任务。在积极的学习氛围中，学生可以表达个人想法，在与其他成员的友好交流、讨论中，实现对所学知识与技能的整体性理解，逐步搭建完善的知识体系，实现深度学习能力的提高。

（二）教学设计

只有将深度学习思想和方法整合于课程设置的每一方面，才能进行深度学习。信息技术赋能的深度学习教学设计模式是促进学生深度学习能力的宏观策略。①

1. 教学目标

"为什么教"相对应的是教学目标的设定。所谓深度学习，就是对学习者高级思维能力的培养，并在认识和掌握的基础上进行运用、研究、总结和评价。所以，在确定教学目标时，必须在深刻领会课程标准的基础上，以提高学习者高阶思维能力为目标。例如，在开展"学习理论"的教学设计时，不仅要求学生了解和领悟不同的思想，而且强调学习过程中的分析式思维、逻辑性思考、批判思维和创造性思维。

2. 教学内容

"教什么"相对应的是教学内容的选择。深度学习的教学内容是基于问题的多维知识整合。在内容的选取上，教师应全面分析教材、深入挖掘教学内容、灵活利用教学内容，有必要时应把教学内容中的知识点重新组合，提炼出有探究性价值的重点问题。教学内容不能仅停留在浅层学习层面，还要能够吸引学习者的注意力，并让学习者有足够的发挥空间。此外，教师还需要注意在新旧知识之间建立联系，指导学习者将新知识归纳到已有的认知框架中。

---

① 卜彩丽，胡富珍，苏晨等．为深度学习而教：优质教学的内涵、框架与策略[J]．现代教育技术，2021，31（7）：21—29．

3. 教学策略

"怎么教"相对应的是教学策略。黎加厚认为,基于任务的学习和目标驱动的学习能够推动深度学习的发生和发展。① 卜彩丽等人认为,可以通过PBL、小组学习、个性化学习培养学生的深度学习能力。② 杜娟等人强调深度学习应以学生为中心,关注主导策略、支架策略、建模策略、反思策略和元认知策略。③

4. 教学评价

"教得怎么样"相对应的是教学评价。在检查学习者的知识理解时,教师可以通过考试等方式进行总结性评价。在日常生活中,学习者可以采用过程性评价。档案袋、展览、演讲等都是评价学习者能力的重要途径,如通过演讲,学习者之间可以相互提问并反馈,进一步提高批判性思维,从而对相关问题提出新的见解。

5. 技术的支持

技术能够推动学习方式的变革,高效的深度学习的实施离不开优质的学习环境与先进的学习工具及资源。在教学设计中正确利用技术,对教学方式进行创新,可以加速和促进深度学习的发生和发展。④ 以数字化资源、可视化、学习分析、大数据、语义工具等为代表的信息技术融入教学设计,学习者通过数字化工具或资源进行探究性学习、创造新知识并与同伴利用知识解决现实问题。教师使用软件对学生进行引导和支持,可以改善学习者反馈的效率,进而培养学习者解决问题能力、独立探究能力和创新性。计算机的可视化与数据处理功能可以帮助学习者展开深度学习,也可以充当他们的智能伙伴。语义工具帮助学习者对知识点进行精细加工,从而促进学习者的思维重组和认知结构转化,提升学习者对知识点的掌握程度,为学习者提供真实情境,提高其建构思

---

① 何玲,黎加厚.促进学生深度学习[J].现代教学,2005(5):29—30.
② 卜彩丽,胡富珍,苏晨等.为深度学习而教:优质教学的内涵、框架与策略[J].现代教育技术,2021,31(7):21—29.
③ 杜娟,李兆君,郭丽文.促进深度学习的信息化教学设计的策略研究[J].电化教育研究,2013,34(10):14—20.
④ 汪维富,毛美娟.促进学习的投入、增强与延伸:3E技术整合框架评述[Z].北京:现代教育技术,2019.

维、解决问题的能力。此外,技术赋能下的教学评价体现"及时、高效率、多主体、多维度"等特点。技术赋能的教学设计可以从目标、内容、策略、评价、结果等维度为学习者学习增效,进而进行深入的教学。

如今是学习型社会,教育的目标是帮助和鼓励学习者通过信息技术掌握更多知识,从而达到迁移知识、应用知识并创造知识的目的。

四、构建学讲课堂,促进深度学习发生

"学讲计划"倡导"学进去,讲出来",让深度学习真正发生,是提高大学英语教学质量的重要措施。教师应巧妙设计自主学习任务,让学生真正投入自主学习、深入探究的活动中。总而言之,深度学习是一种能满足学生学习和发展需要的新的学习模式。深度学习视角下的大学英语教学,教师应明确教学目标、突出学生的主体地位、运用多元教学手段、设计多元趣味活动等,打造师生、生生互动的精彩课堂。只有教师创新理念、创新方法,从能力的提升、过程的优化方面着手,深度学习才能发生,课堂才能摆脱低效,迈向高效。

五、注重教学评价,鼓励深度思考

教学评价分为形成性评价和测试性评价,也叫作过程评价和终结性评价。教师要基于班级的实际情况制定评价细则。细则要具有科学性、激励性和引导性。根据大学英语教学情况,笔者建议把以下能力作为形成性评价的突破口:记忆单词的能力、朗读能力、复述课文的能力、阅读理解能力、听的能力、写作能力。另外,教师在进行评价时,应坚持以人为本的教学理念,可以采用多元评价等方式,通过不同的评价方式,完善评价机制,评价既全面又客观。

第二章

深度学习理论指导下的大学生英语学习的调试策略

学习是持续性的建构活动,具有自主性、社会性、情境性。学习的效果与学生自身的兴趣爱好、心理需求、学习动机等有着重要联系。教师作为教学过程中的参与者,会对学生的学习过程产生影响。在深度学习理论指导下,大学英语教师应采取积极、有趣的方式激发学生的学习兴趣,为学生创造良好的学习环境,并结合实际教学情况探究其心理。本章对深度学习理论指导下的大学英语学习的调试策略展开分析。

第一节 大学生英语学习的内在调试策略

一、培养英语学习兴趣

学习兴趣是一种强烈的内在驱动力,能够激发学生主动学习的积极性,提升他们的学习效率。因此,激发学生的英语学习兴趣成为教育界的关注焦点。下面旨在探究英语学习兴趣的培养与激发方法,提供有益的教育实践建议。

(一)影响大学生英语学习兴趣的因素

大学生英语学习兴趣的培养与激发涉及多个因素,包括学校环境因素、教师因素和学生个体因素。下面将详细探讨这些因素,并通过具体的举例说明它们对大学生英语学习兴趣的影响。

1. 学校环境因素

良好的校园环境有利于激发学生的学习兴趣。学校提供的教学方法与资源、学习氛围和评价奖励机制等,都会对学生的学习兴趣产生直接或间接的影响。第一,教学方法与资源对学生的英语学习兴趣至关重要。如果学校能够采用多样化的教学方法,如游戏化教学、项目学习或实践活动,学生就能在英语学习中体验到乐趣和获得成就感。比如,学校利用英语角、英语电影俱乐部等活动,为学生提供更多与英语相关的互动和实践机会,激发他们的学习兴趣。第二,学校的学习和文化氛围对学生的英语学习兴趣有着重要影响。如果学校能够创造积极的学习氛围,鼓励学生互相交流、分享学习经验,学生就能感受到学习的乐趣和意义。第三,学校的评价奖励机制对学生的英语学习兴趣产生有重要影响。如果学校能够给予学生适当的奖励和认可,如奖学金、荣誉称号或表扬,学生就会有动力去学习英语。

2. 教师因素

教师在学生英语学习兴趣的培养与激发中扮演着至关重要的角色。教师的教学态度、方法、个人魅力和互动方式，都能够对学生的学习兴趣产生影响。第一，教师的教学态度和方法对学生的英语学习兴趣至关重要。如果教师对英语教学充满热情和激情，能够设计出富有创意和趣味性的教学活动，学生就会被吸引从而激发学习兴趣。比如，教师可以通过引导学生参与角色扮演或小组合作等方式，学生在轻松愉快的氛围中体验到英语学习的乐趣。第二，教师的个人魅力和激励手段对学生的英语学习兴趣产生重要影响。如果教师具有亲和力、幽默感，能够与学生建立积极的师生关系，学生就会愿意参与课堂活动并展示他们的英语能力。比如，教师可以与学生互动，赞扬和鼓励学生，激发学生对英语学习的兴趣和自信心。

3. 学生个体因素

学生个体因素也对英语学习兴趣产生重要影响。学习动机、自我认知和学习风格等因素都能够影响学生对英语学习的兴趣。第一，学生的学习动机对学生的英语学习兴趣具有关键作用。如果学生具备内在的学习动机，如对英语学习的渴望和热情，他们就会有动力去探索和学习英语知识。第二，学生的自我认知对英语学习兴趣产生重要影响。如果学生对自己的英语能力有准确的认知，并对自己的学习潜力有信心，他们就会愿意积极参与学习活动，并享受学习的过程。比如，一个对自己的英语能力有自信的学生，会积极地参加英语演讲比赛，展示自己的语言技巧和表达能力。第三，学生的学习风格会影响他们对英语学习的兴趣。每个学生都有自己独特的学习风格和偏好，有些学生喜欢口头交流和互动，而有些学生更喜欢独立思考和书面表达。如果教师能够了解并尊重学生的学习风格，根据学生的需求提供个性化的学习支持和教学活动，学生就会产生浓厚的学习兴趣。比如，一个喜欢小组合作和互动学习的学生，在小组合作的学习环境中就会更加积极主动地参与英语学习。

综上所述，大学生英语学习兴趣的培养与激发涉及学校环境因素、教师因素和学生个体因素。学校应提供丰富多样的教学资源和积极的学习氛围，教师应具备积极的教学态度和个人魅力，学生则需要具备良好的学习动机、自我认知和学习风格。通过综合这些因素，教师可以有效地培养和激发学生的英语学习兴趣,从而提高他们的学习效果和成绩。

(二)培养大学生英语学习兴趣的策略

1. 营造学习氛围

课堂环境会直接或间接地影响学生的学习兴趣,这就要求教师应结合实际情况来为学生营造出轻松、愉快的学习氛围。基于这种环境之下,学生才能全神贯注地投入其中,开动脑筋思考问题。如果想要让这一目标得以顺利实现,那么就要借助教师自身的人格魅力去带动身边的每一个学生,旨在为和谐的教学环境夯实基础。教师应和学生保持良好交流,并在此基础上引导他们和同伴交流。从客观上讲,小组活动是增加师生互动频率的方式之一,也可以使用其他活动方式。另外,情感是人对世间万物所持有的态度,会对以下两方面产生较大的影响:一是个性心理特征,二是行为动机。

2. 转变传统落后的教学观念

要培养学生学习英语的兴趣,调动学生在课堂上的积极性,教师应当首先对传统落后的教学观念进行改正和更新,树立正确的教学观念。在全球化的大背景下,大学英语教师应当对学生有更长远的规则,提高学生各方面的综合能力,培养学生成为顺应时代潮流的综合型人才。教师应对教学方式进行改革创新,让学生成为课堂的主体,对学生正确的引导,让学生爱上英语。教师应当明确的是大学生正处在身心快速发展时期,对外界充满了好奇心,心理比较活跃,因此为了避免学生在课堂上走神,教师更应当让自己的课堂变得生动有趣。教师可以让学生在课堂上做一些小游戏或进行一些活动,增添课堂的趣味性,让学生在良好的学习氛围中学习知识。

3. 让学生成为课堂的主角

在课堂上教师要以学生为中心,把学生放在第一位。教师应注意观察学生的行为,当学生对英语感到反感无聊的时候,教师可以组织有关英语的娱乐活动,让学生演唱熟悉的英文歌曲,学生也可以在讲台上朗诵经典英文诗歌。学生在进行表演的时候不但可以了解到更多的英语单词,也能放松自己,感受到学习英语的快乐。如何激发学生的学习兴趣并找到培养策略,这是教师面临的一个重要问题。而让学生成为课堂的主角则是解决方法。

4. 培养学生的自学能力

在大学英语教学中,有些教师往往采取"满堂灌"的方式进行机械讲授,这一方式过分强调教师的教学行为,忽略了学生的学习能力。所以学生只能通过教师的讲解获得知识,而无法真正体验到乐趣,学生的学习兴趣大打折扣。教师应了解每位学生的不同情况,设计有针对性的教学项目,使每位学生都能主动学习,充分调动学生的学习积极性。在课堂上要与学生进行互动式课堂合作,不拘形式,让学生自由发挥,调动学生的主观能动性,从而提高课堂的质量,适时总结教育经验与做法,多与有经验的教师交流沟通,扬长避短,找到差异,从而提高教学能力。在必要时教师可与个别学生家长进行交流。教师重在因材施教,才能取得较好的教学效果。

5. 构建和谐的师生关系

"亲其师,信其道。"学生喜欢哪个教师就会喜欢他的课,就会努力学习这门学科知识,成绩自然就好。因此,教师应多了解学习成绩不好的学生,时常关注他们,多与他们聊天,让学生觉得教师和蔼可亲,从而形成一个良好的师生关系。这样学生就有了动力,就有了信心,愿意让教师看到自己的进步与努力。

6. 有效实施课堂设计

想要拉近师生间的距离,最为有效的方法即为师生互动。当教师成为学生的良师益友,学生自然能够向教师敞开心扉。教师只有积极参与到学生当中,真心对待并尊重每位学生,才能够赢得学生的尊重与信任。课堂并非教师一个人的课堂,应使学生充满参与感,要让其主动参与知识的探究。教师可以结合具体教学内容创建良好的教学情境,利用小组互动、课堂展示等方式展开口语训练,并对学生的表现做出积极的评价。

二、激发英语学习动机

学生的学习动机与很多因素有关,因此在提高他们学习动机的同时需要考虑其自身所存在的问题,并且找到合适的教学方法,为学生提供良好的教育方式。最重要的是,需要为学生提供更多的学习技巧,帮助他们提升学习效率。另外,学习动机对于学生的学习来说具有诸多影响,它可以推动学生开展学习活动,如学习兴趣、知识的趣味性以及自身的学习信念等。学生想要取得良好的学习效果,明确的学习动机是很重要的。因此,教师要从这一方面对学生进行引导,让学生找到并提高自己的学习动机,从而使教学过程更加顺利。[1]

(一)影响大学生英语学习动机的因素

自20世纪初开始,我国有很多学者开始关注英语学习动机减退现象及原因。关于大学生英语学习动机减退的原因,大部分研究者会从内因和外因两个层面进行划分。其中内因主要是从学生的角度出发,探索导致其内在动机缺失的原因,如缺乏内在兴趣、缺乏有效的学习策略、考试成绩不理想及没有明确的目标引领等。外因主要是从外界影响因素出发,探索外在的一些干扰因素或者不利条件导致学生无法全身心地投入英语学习中,比如,学生的家庭、教师的教学方式、学习环境等因素。

1.学生相关的因素

学习动机与学生自身息息相关,其中兴趣是一个重要的因素。学生是否对英语这门学科感兴趣会直接影响其在学习过程中的参与度。研究表明,女生更加喜欢语言类学科。究其原因,主要因为女生倾向于具有生动性、想象性以及视觉性的思维,其对语言与社会科学等领域表现出浓厚的学习兴趣;而男生则倾向于分析、比较与抽象性思维,其对自然科学等更感兴趣。另外,学生个人性格对学习动机有着直接影响。[2]众所周知,英语这门学科内含丰富的词汇与语法,要想增强这门课的学

---

[1] 李昆,俞理明.动态系统理论视角下的大学生英语学习动机发展变化研究[J].外语教学理论与实践,2022(2):49—60.
[2] 付正玲.新世纪大学英语学习动机研究:成就、问题与路径[J].西南大学学报(社会科学版),2022,48(3):224—234.

习效果，需要学生付出更多努力。然而，个别学生无法进行长时间的持续性学习，从而导致学生的英语学习动机减退。

2. 家庭影响因素

家长不仅能够充分激发学生的学习动机，还可以对学生的学习情况进行监督。由此可见，家庭因素对学生英语学习的动机有着不容忽视的影响。首先，家长对英语的重视程度对孩子的英语学习动机有着直接影响，这是因为家长的态度和观念会潜移默化地影响学生对英语的态度和兴趣。很多家长对学习英语很重视，认为学好英语，学生在今后找工作或者出国留学有着重要作用。[1]因此，他们对孩子寄予厚望，不仅非常支持孩子学习英语，也很重视孩子的英语成绩，然而，部分家长对孩子学习英语持有消极的态度，这部分家长普遍认为学习英语对其没有很大益处，学生在学习英语过程中，也抱着消极的态度，进而导致学生出现英语学习动机减退等问题。

其次，学生家庭成员的受教育程度对学生的学习动机有着一定影响。如受过高等教育的父母，在学生英语习得的过程中有着积极的作用，这主要因为学生在与家人的沟通和相处中，会受到潜移默化的影响。父母的受教育程度反映了他们对子女教育的重视程度和对知识的认可程度。综上所述，家庭因素作为外因的一个分支，对学生英语学习动机的影响也是非常明显的。

3. 教师影响因素

对于学生来说，课堂教学活动是其获取英语知识的主要来源。[2]简而言之，课堂教学活动尤为重要，教师是课堂教学活动的重要组成部分，他们在教学活动中扮演着至关重要的角色。因此，教师作为外因之一也会对学生的学习动机产生直接的影响，其影响方式可主要从教学方式和言语行为两方面进行分析。

首先，学生的学习积极性受到教师的教学方式影响，任课教师的教学方式对学生的学习效率、学习热情及学习的专注度有着直接影响。在

---

[1] 梁芍茹. 多元学习动机对当代大学生英语学习的影响[J]. 校园英语，2022（12）：3—5.
[2] 袁笑文. 大学生英语学习动机的现状调查与对策分析[J]. 江西电力职业技术学院学报，2022，35（2）：112—113.

开展英语教学活动时,教师应制定相应的奖惩机制,这是因为学生所取得的成绩,对其自我效能有着一定影响。理想的自我和现实的自我之间所产生的差距,会导致学生学习动机受到影响,而合理的奖惩机制可以让学生在英语学习的过程中及时对自己的学习状态进行反馈,从而帮助学生制订与之水平匹配的目标,提高其英语学习兴趣。

其次,学生的学习动机深受教师自身形象、言语行为的影响。[①]任课教师的授课语言应该清晰、易懂、发音标准且具有鼓励性,这样能够吸引学生的注意力并能鼓励学生积极参与课堂活动。同时,任课教师应该给学生树立一个正面、可信且值得尊敬的形象,有助于建立师生信任和形成尊师重教的氛围。在授课过程中,教师应该表现出自信、耐心、友善和尊重等良好的态度,鼓励学生提问、独立思考和积极参与课堂讨论,用自己的言行举止激发学生的学习兴趣和动机。

4. 学习环境因素

学校是学生开展学习活动的主要场所,学生的学习动机受到学校政策、校园文化环境及学习氛围等因素影响。

首先,高校专业众多,然而对任何专业来说,英语都是必修课。很多英语专业的学生之所以会选择这个专业,主要因为自身喜欢英语,或者认为英语是其特长。[②]然而,大学与高中不同,不会频繁地进行考试,英语专业的学生无法准确界定自身与他人之间存在的差距,长此以往,其自我效能感降低,同时也会因为不满足现状而产生焦虑,导致学习动机下降。

其次,部分高校的课外英语学习氛围不浓厚。学习英语需要有相应的文化氛围支持,然而,有些英语专业的学生,时常抱怨自己在课外练口语的机会非常少。因此,多样性课外活动(如英语角、英语演讲比赛、英语配音大赛、英语电影分享会等)的举办可以为学生提供更多的英语学习机会和平台,培养学生的英语学习兴趣。然而,部分高校对举办课外英语活动的支持力度不够,缺乏英语学习的课外文化氛围,从而导致

---

① 任敬辉. 大学生在线英语学习动机衰竭现状研究[J]. 现代交际, 2021(23): 30—32.

② 肖仕琼. 在线英语学习焦虑与自我调节学习的关系——大学生英语学习动机的中介作用[J]. 闽南师范大学学报(哲学社会科学版), 2021, 35(3): 129—135.

英语学习动机减退。

（二）激发大学生英语学习动机的策略

1. 适当地使用奖励与惩罚

在学习的过程中，适当使用奖励和惩罚机制是一个老生常谈的问题。有人认为，对于大学生来说，学习的奖励与惩罚并没有起到特别大的作用。但是只要教师通过恰当的方式引入奖励和惩罚，还是可以在一定程度上刺激学生学习的积极性。

2. 开展生动的课堂情境教学，提升学生的自主学习积极性

英语是一门典型的语言学科。在学习过程中，学生需要多加练习。因此大学英语教师要给学生提供练习英语的机会以及场景，通过环境的改造促使学生学习英语的积极性得到提升。基于课程改革的基本要求，英语学科要注重学生的听说读写的多项能力的训练与提升。因此，这就需要教师在教学方法上进行有针对性的创新，吸引学生的注意力，帮助学生更好地掌握英语，让学生对于英语学科的学习更有信心和耐心。情境教学就是一种很好的创设环境的途径，这对于学生练习英语是非常重要的。但是，情境教学也需要考虑学生的认知水平与能力，教师需要结合学生的兴趣去创设，而不能以教师为核心，完全依托于教学内容而忽略学生的感受，只有这样才能给学生更好的练习体验，从而促使学生的学习积极性得到提升。

3. 利用信息技术，提高学生的学习动机

在大学英语课堂中，很多学生的听课过程以听为主。他们并未关注教师所在的位置，也未关注教师具体的板书和其他教学设计，只关注教师传递的信息。为了提高学生的学习动机，教师可以利用现代教育工具集中学生的注意力，调动学生的听觉，同时吸引学生的目光，让学生的多个感官共同作用于学习，使英语课堂的学习体验感越来越强。与传统的黑板、粉笔相比，多媒体设备具有形象、直观的特点。在英语教学过程中，如果教师发现学生注意力不集中，便可以利用多媒体设备播放与学习内容相关的视频，快速拉回学生的注意力。这样便捷的注意力集中方

式,能够大大提高教学的效率。

现代教育技术在教学活动中的应用并不只限于此。在英语教学中,教师可以借助多媒体设备营造良好的学习情境,促进学生开口说英语。与课内的内容相比,课外的学习资源有着天然的吸引力。因此,教师在讲解英语各方面知识时,可以利用多媒体引入课外资源,增加学生接触英语知识的渠道。例如,在讲解部分语法点时,教师可以播放电影片段,让学生一边看电影,一边抓住台词中的语法点,将台词中具有语法点的句子作为例句,引导学生学习。另外,教师也可以在英语课开始之前,利用多媒体给学生播放英文歌曲,帮助学生快速进入英语学习情境。用不同的资源展示英语学科内容的魅力,不但有助于提高学生英语学习兴趣,还可以提高学生学习的动机。

4. 综合学生的各方面进行英语教学评价

对学生进行英语学习评价可以是阶段性的,即教师可以采取阶段性的英语学习评价,让学生每一阶段的学习过程都被记录,评定的结果可以根据班级的情况选择公开,或者选择保留评价结果,让学生做到心中有数。评价的内容不能仅局限于学生对知识的积累,还需要从学生各方面考虑,对学生进行学习习惯、学习态度、学习内容等方面的评定。只有这样,学生的综合能力才能得到考量,相关的学习评定才能得到公平公正的结果。同时,评价过程与结果不能为了提高学生的学习积极性,就只保留好的结果,而应让学生从中意识到自己在学习过程中的不足,真正发挥提高学习动机的作用。

5. 创设多元化教学方式

首先,教师应基于学生学习英语的目的开展多种形式的教学方式,如探究式学习、合作学习、案例教学等。对融入型动机的学生来说,由于其本身具有浓厚的英语学习兴趣,那么在课堂教学活动之中,教师可以设计与学生实际生活和兴趣爱好相关的作业,如观看英文电影并撰写影评、阅读英文报刊并概述文章核心观点等激发学生的学习兴趣。而对工具型动机的学生来说,教师在授课过程中应考虑语言的实用性,设计和分配与实际生活相关的英语任务,如调查某个领域的英文资料及让学生用英文写求职信、申请信等,让他们感受到英语在现实生活中的实用性。

其次,学习动机不同,则考核方式也不同。对融入型动机的学生来说,应冲破试卷束缚,为其制定多元化的考核标准,主要考核其是否能够掌握大量语言、是否可以熟练运用简单句型以及是否可以阅读英语报纸杂志及表达文章大意。而对工具型动机的学生来说,考核则可以单一化,将学习结果作为考核标准,以其是否按照要求完成课外作业,能否顺利通过学科考试为主。

6. 充分发挥教师的个人魅力

在实际教学活动中,教师要认识到学生在学习中遇到困难在所难免。对此,教师在向学生反馈时,应该采用鼓励、肯定和建设性的方式,尽量避免批评、指责和责备学生。这是因为大学生自尊心很强,如果他们感到自己被尊重和认可,会愿意接受教师的指导,并且在英语学习中更有信心和动力。

此外,教师可以通过积极的口头鼓励和肢体语言帮助学生设定目标,让学生逐步实现学习目标,激发学生的学习兴趣和自信心以及增强其学习动机和成就感。同时,教师可以向学生提供各种课外学习资源,如一些练习听力或者口语的网站等,让学生在学习过程中获得更多的支持和帮助,增强学生英语学习的信心和兴趣。

7. 建立目标导向的评估制度

首先,帮助学生设定明确且可量化的学习目标。学生设定的目标应该具体、可实现,并与学生的个人兴趣、学习能力以及语言基础息息相关。例如,提高英语听力技能、扩大词汇量和提升口语表达交际能力等。通过设定明确的目标,学生有方向感,知道自己为什么学习,并有一个明确的方向去努力。

其次,建立一种目标导向的评估制度,帮助学生了解自己的学习进展。评估制度的建立可以提供有关学生学习成果和发展领域的具体反馈,具有可视化的特点,帮助学生根据自己的学习情况调整学习方法和策略。

三、克服英语学习焦虑

焦虑是人类一种正常的情感反映,但是过度焦虑就形成情感性疾病。早在20世纪20年代，西格蒙德·弗洛伊德就对焦虑进行了系统的阐述，并把焦虑分为了三种类型，分别是客观性焦虑、神经性焦虑和道德焦虑。此后，焦虑便成了各国心理学界的研究焦点。戴维·保罗·奥苏贝尔把焦虑定义为一种对于当下或者能够预料的情景对自身造成潜在威胁时，倾向于做出恐惧反应的一种状态。张庆宗在其著作中提出，"焦虑是个体担忧自己不能达成目标或不能克服障碍，自尊心与自信心受挫或失败感和内疚感增加，形成紧张不安的情绪的心理状态"。由此可见，焦虑能引起人恐惧、烦恼、紧张的心理，而这种心理状态有时会发生在学生学习的过程中，如果学生不能及时调整状态，长此以往将严重影响学生的学习和生活。

（一）大学生英语学习焦虑的表现

1. 语言学习自信存在短板

英语是我国学习和使用人数最多的第二语言，虽然学习人数较多，但有些学生仍存在英语学习焦虑。例如，学生对英语学习存在自信心不足的情况，造成该情况的主要因素包括两点。其一，自卑心理严重。在英语课堂学习过程中，有的学生认为学习内容难度较大，产生逃避和畏难心理，进而使自信心下降。长此以往，造成恶性循环，学生的学习效率逐渐降低，同时学习自信心不断下降。其二，在教育改革的背景下，英语教学目标发生变化，当前英语教学的主要目的是培养复合型、应用型人才，因此对学生的英语表达能力要求较高。但有些学生在英语表达方面存在不足，由于信心不足和自我否定，使其讲英语时表现得不自信，进而影响语言表达效果。

2. 课堂教学模式效率较低

在大学英语教学过程中，个别教师使用的课堂教学模式效率较低，对学生缺乏合理引导。在该情况下，学生若缺乏自主学习意识，将难以掌握相关知识内容，容易引起学生的焦虑心理。同时，有的学生在宽松的教学氛围中，逐渐放松对自己的要求，日常学习效率较低，导致期末考核时难以应对，进而产生较强的焦虑感。

3. 不适应网络教学模式

受到教育发展和教学改革等因素的影响,当前教育方法发生较大的变化,网络教学的引入提供了新的学习环境和条件,但同时也带来新的压力。[①] 一方面,部分教师不能真正高效利用网络信息技术完成英语课堂教学,他们缺乏对信息技术的了解,导致使用效果不理想;部分教师对信息技术的应用较为排斥,认为其过于"花哨",对提升课堂效果作用不大。因此,课堂教学效率较低。另一方面,部分学生对网络教学模式的认同感相对不足,在学习时,存在一定的陌生感,容易产生焦虑进而影响学习成绩。

4. 课堂环境压力较大

英语是一门应用性较强的语言体系,只有张口练习,才能有效掌握。但当前个别高校的英语课堂环境较差,学生容易产生压力,无法有效锻炼自身的语言表达能力。有些学生在英语学习中,将重点放在英语成绩提升上,忽视英语实际应用与训练,导致口语能力较弱,在该情况下,高效课堂的口语训练必然会给学生带来一定压力。而英语课堂作为主要的口语训练场所,其环境对学生的影响尤其大。课堂中教师给出的负面评价和惩罚,会使学生产生较大的焦虑、恐惧等心理,进而挫伤学生的自信心,使其在后续的学习中逐渐对英语产生排斥心理。

5. 英语学习体验不足

英语课堂学习焦虑中大部分为口语表达焦虑,学生害怕自己发音不标准或存在错误,引起他人嘲笑。在该压力下,学生越发不敢开口讲英语,长时间缺乏口语锻炼,必然会使其口语表达能力减弱,从而使语言应用能力处于不良循环之中,对英语表达产生恐惧感。同时,在英语学习过程中,课堂时间有限,学生的英语学习体验不足。英语口语的锻炼时间的压缩,不仅使学生口语锻炼不足,还影响学生的英语知识储备情况和英语语感的学习与体验,不利于提高学习效果。

---

① 刘云龙,崔雅琼,于华.不同英语水平研究生通用学术英语课程学习焦虑感差异研究[J].中国ESP研究,2021(1):101—109.

（二）克服大学生英语学习焦虑的策略

1. 提升语言学习自信

在大学英语课堂教学过程中，为降低学生的焦虑心理，教师应积极提升学生的语言学习自信，通过恰当的干预方法，促进语言课堂学习效能得到稳步提升。[①]在该过程中，教师应起到引导的作用，通过积极态度和创新方法，有效消除学生英语学习焦虑。

首先，应消除学生的心理障碍。学生的焦虑来源往往是害怕在课堂中被教师批评或被同学嘲笑，因此教师应加强对学生的正向鼓励，给予充分的尊重和理解。通过构建和谐的师生关系，消除学生在英语学习中的障碍，提高课堂学习效率。

其次，应针对不同的学生设置不同的学习目标。学生的接受能力存在差异，在教学过程中，教师如果使用统一标准会使基础不足的学生面临更大的压力，容易引发学习焦虑。教师应将学生进行合理划分，将水平接近的学生分为一组，并按照学生的真实水平制订恰当的学习目标。该目标应具有较强的可实施性，在逐步完成目标的过程中，学生逐渐产生成就感，增强学习英语的信心，有效降低英语课堂带来的焦虑。

最后，应帮助学生增强学习自信。在教学中，教师可以使用表情、动作等方式，对学生进行鼓励和暗示，使其提高学习的自信心。例如，学生在回答问题时，教师认真听学生表达，并通过微笑、点头等方式，鼓励学生继续回答，这样能够使学生自信心加强，避免焦虑的产生。

2. 优化课堂教学模式

为进一步加强高校英语教学质量，教师应积极优化课堂教学模式，满足学生对英语教学的需求，降低焦虑等负面情绪带来的影响。

在具体教学过程中，一方面，教师可以利用任务式教学法，引导学生组成学习小组，完成学习任务。在该模式中，能够降低教师带来的压力，使学生在同一水平上，充分发挥自身的想法和能力，促使学生得到充分

[①] 曾祥发，王松. 大学英语网络课程学习焦虑现状调查与对策研究[J]. 高教学刊，2021，7（14）：66—68.

锻炼。[①]还应加强学生的自主学习能力,在小组任务中,学生进行分工合作,自主完成材料的收集和课件制作以及课堂展示等环节,有效提高实际的教育效果。例如,在 *How to be a Successful Language Learner* 中,教师结合课程标题,为学生布置任务,要求学生整合材料,并在课堂上分享。学生在不断收集和理解的过程中,不仅能够加深对英文的理解,同时还能够学会更多的学习技巧,从而有效提高实际的课堂教学质量。

另一方面,使用交际式教学方法,鼓励学生勇敢开口表达。口语表达是英语学习中的重要部分,并且随着应用型英语的发展,口语表达受到越来越多的关注。通过交际式教学模式,学生在自然的交流中实现有效的英语锻炼,提高学生的英语交际水平。在教学中,教师应鼓励学生"犯错",面对学生不恰当的表达方式,不应立即打断并督促更改,应在学生表达过程中给予肯定和鼓励,提高学生的信心,在回答完毕后进行合理指导,或引导学生分析自己表达中的不足。同时,在课堂中,应增加交流环节,教师应充分发挥引导作用,为学生创建英语交际环境,使学生得到充分锻炼,进一步提升学生的自信心,避免焦虑情绪带来不良影响。

3.调整网络教学方法

信息技术融入课堂教学是现代化教育发展的必然趋势,为提高课堂教学质量,教师应积极优化网络课堂教学方法,为学生创建良好的教育平台,提升学生的学习自信心。

在实际的优化过程中,一是应改变教师的思维方式。教师应意识到网络教学和信息技术的优势,其能够减少书写板书时间,同时丰富课堂内容,如借助图片、视频、音频、互动等方式,使英语课堂更加充实。教师应认真学习信息技术的应用方法,并借助恰当的方式提高课堂教学效果,降低网络教学对学生的压力。

二是应增强学生的自主性。在网络教学时,学生受到关注下降,容易出现松弛的学习状态,教师应提升学生的执行力,使其能够积极配合教师的指令,充分提高课堂活力。在该过程中,教师可以提出问题,引导

[①] 赵鑫.国外情感教育研究的进展与趋势述评[J].比较教育研究,2013(8):54—59.

学生自己解决,或建立考核标准,使学生朝着目标努力,有效提高实际的学习效率。①例如,教师根据本学期的教学计划和教学进度要求,分别设置长期、中期和短期的教学目标,并分享给学生,学生根据教学目标要求,合理规划自己的学习计划。在该模式下,教师应激励学生主动参与到学习中,充分提升其英语水平。

三是应加强师生的学习反思能力。教师和学生在完成课堂教学后,均需要对课堂全过程进行反思,分析课堂中的不足和优势,并对后续的表现进行调整。教师利用课堂反思,不断提升和优化教学方式;学生在反思后,能够以更好的学习状态,面对英语学习任务,有利于提高课堂实效。

4. 优化课堂教学环境

良好的英语课堂教学环境能够帮助学生缓解学习焦虑,提升学习质量。有些学生在课堂中害怕被教师提问,在回答问题时学生的焦虑被放大,并对其信心和英语掌握效果产生影响,最终无法起到良好的教育作用。由此可见,教师应积极优化课堂教学环境,为学生营造自然、轻松的氛围,有效缓解课堂焦虑气氛。

一方面,教师应调整提问方式,降低给学生带来的压力。例如,教师可以将提问转化为学习任务,引导学生积极完成任务。相比随机提问带来的焦虑和恐慌心理,学生自主完成任务时,整体任务在其掌控范围内,具有较强的自信心,有利于优化课堂的教学效果,同时缓解课堂中的压力。

另一方面,教师可以借助信息技术创建课堂娱乐活动,避免单一、枯燥的教学使学生产生较大的压力和焦虑。通过设置多样化娱乐活动,构建轻松愉悦的课堂氛围,帮助学生在娱乐的过程中享受英语课堂,学会更多的英语知识。例如,教师可以引导学生讲英文童话故事,加深对国外文化的理解。同时,讲故事锻炼了学生的综合能力,能够更快适应不同的环境。

---

① 朱朕红,罗生全.教师课堂情绪及其调控[J].教学与管理,2013(28):20—23.

5.加强英语学习体验

学习英语不仅能丰富语言知识，还能增强学习体验。在以往英语学习中，学生的锻炼相对较少，其口语表达能力较差。基于此，在大学英语课堂教学中，应营造积极的学习情感，提升学生的英语学习动力。在课堂教学中，教师应鼓励学生"接话"，学生在"接话"的过程中，其思维与教师处于同一水平。同时能构建良好的师生关系，使学生对英语学科保持较高的兴趣和激情，避免出现焦虑情绪，使课堂更加高效。

此外，教师可以为学生构建英语体验环境。利用信息技术，设置英语对话系统，创建真实的英语使用环境，使学生的口语表达得到充分的锻炼，进一步加强英语的应用水平。

第二节 大学生英语学习的外在调试策略

一、营造英语环境

英语学习归根结底是语言的教育和培养，对于汉语虽然我们也要系统、规范地学习，但是我们从出生就处在汉语的环境中，这就是学习语言的根本途径。英语学习亦是如此，在校园文化建设中，融入英语元素，有利于培养学生的英语学习兴趣。

（一）营造英语教学氛围

学习语言，不外乎学和用，因此教师在大学生英语教学中，要注重英语学习环境创设，充分调动学生的视觉、听觉、感觉，融入英语学习中，推动学生爱学、乐学和活用。英语作为国际交流的主要语言，随着经济、教育和科技全球化不断深入，英语的重要性不言而喻，但受传统教育方式的影响，英语教学长期处于教师全盘讲、学生被动听的局面，学生的英语学习兴趣及体验等非智力因素被忽略。

随着课程改革的推进，大学英语教学目标发生改变，真正喜欢英语、愿意学习英语、树立英语学习的自信心和积极的学习态度成为最新的要求。在此情形下，大学生英语教学中要弱化教师的地位，增加学生的参与度，释放其主观能动性，促进其个性化思维和创新能力的发展。

（二）注重与多媒体融合

多媒体在教学中应用越来越广泛，其与传统教学方式有机结合，有利于优化英语教学课堂效果，促进英语教学目标的完成。多媒体教学具有形象生动、样式多变、色彩丰富等特点，符合大学生的身心发育。教师借助多媒体技术手段引入学习素材，能够充分调动学生的感官系统和语言中枢，激发学生学习兴趣，调动学生学习积极性。同时，英语的起源、演化、文化背景等与我国传统文化有较大差异，教师可以采用多媒体对学生进行英语相关知识的拓展，领会英语单词、词汇的内涵和表述的方式。

如前文所述，汉语是我们的母语，不用特意去学，我们就可以顺畅地表达与交流，其根本原因是我们从小就生活在汉语语境中。想学好英语，语境亦是关键环节。在深度学习观念下，以培养学生终身学习能力为最终目标，应试能力我们不可忽视，但实用性和尊重学生个性化发展越来越居于重要地位。教师在营造英语学习环境时，可尝试不拘泥于教学目标与内容，适当引入英文电影，为学生创造较为原生态的语境。

（三）多种方式融合

英语教学与语文教学有相似之处，积累与实用、基础与创新相辅相成。"教无定法，贵在得法"，在实践中，教师要注重各种教学之间的相互融合，利用课外活动来培养学生英语学习兴趣，加深对课堂教学内容的理解，提高学生英语使用能力。在班级内可以设置英语角，每次确定一个主题，定期举办活动。

二、应用移动网络

大学英语教学改革的主要目的是培养当代大学生英语实践及英语表达能力，将重点放在英语的听、说、写等方面。改革的主要目标是在大学英语教学过程中充分应用多媒体教学方式。通过现代化教学方法，发挥现代教学技术的作用,改变传统的知识授课模式。互联网技术属于一种通讯工具,目前已经实现了整体的普及。对于高校大学生英语自主学习来讲,可以通过网络完成同步或者异步交流。网络英语教学和传统英语教学相比,具有时空分离和师生分离的特点,应用现代教学技术,将教学资源远距离传输给学生。

（一）移动网络对大学英语教学的好处

当下,移动网络的已经逐步渗透到大学英语教学当中,教师与学生也都已经熟悉了这样的教学模式,那么移动网络在大学英语教学当中有哪些好处呢?

1. 增强教学直观感受,激发学生学习兴趣

从心理学的角度分析,学生在学习的过程当中,如果没有一个愉悦的心情和一颗浓厚的心,就不能对学习产生兴趣,只能成为一种负担。英语的学习本身上是枯燥的、抽象的,将移动网络应用到大学英语教学当中不但能够将抽象的知识转变为形象的、有趣的内容,还能为学生营造一个可听、可视的英语环境,并创造一个悦耳、悦目、悦心的交际场景,这样的方式能够极大地调动起学生学习英语的积极性,从而更自觉地与教师进行英语口语的交流与互动。而且教师在讲解一些内容抽象的文章时,移动网络还可以为学生提供一个更加直观形象的场景,在观看场景的同时,能够更加深刻地理解并记忆相关的知识点。另外,这种运用移动网络的方式能够将课堂当中的英语教学逐渐地延伸到课堂之外,让学生在课余时间可以自主地进行学习,从而提高学生的英语综合应用能力。

2. 拓展学生思维空间,增强学生的理解能力

移动网络当中的大学英语教学一般以图文结合或视频的方式为主,这样的方式能够潜移默化地增强学生的思维,丰富学生的想象力,学生对视频与图片的理解远大于对文字的理解。移动网络能够拓展学生的思维能力,还能激发学生的再造能力。在视觉与听觉相结合的立体空间内,充分展开想象,畅谈自己内心的感受,增强自身的理解能力。英语教师还可根据教学的实际,对视频进行一定的修改,将一些简单易懂的对

话进行消音处理,让学生配音,加深学生对于课文的理解与印象,从而更好地对学生进行发散性思维的培养。

3. 扩大英语教学范围,扩宽学生知识面

将移动网络融入大学英语教学当中,能够极大地扩展大学英语教学的范围以及教学的课堂容量,使得课堂内容更加充实。移动网络不但能够为提供学生不同电子版的英语教材,还能够为学生提供相关的阅读、写作、听力等学习资料,甚至能够提供相关的教学设计、学术论文等。教师可以直接利用这些教学资料与资源对学生进行相关的教学,能够让学生的学习范围从"教材"当中跳出来,拓宽学生的知识面,增加学习的时间及空间,让课堂焕发出新的生机。

4. 促进教育资源最大限度实现共享

在教育信息化发展背景下,网络平台的优势愈发显著,其中教育资源共享便是对教育工作带来的最大好处。说起教育信息化,我们首先想到的就是校园局域网、网上远程教学、网络图书馆等。正是在这种情况下,许多人对教育信息化的理解,第一印象便是硬件配置。教育信息化的初步实施阶段,许多高等院校在网络硬件的建设环节给予了高度重视,成立校园网、多媒体教室、语音实验室等,为课程教学提供了更多设备软件。基于网络平台的英语教学,教学资源更加丰富。通过建立教育资源共享中心,能够快速取得多种宝贵的学习资料、数据库、教育信息,还可以通过下载教学软件、搭建英语教学平台等措施,与学生进行教学成果共享。对于学生而言,可以充分利用教育资源中心,快速锁定目标学习文件,以此开展自主学习,摆脱传统教学的空间、资源限制,避免教学资源的分散与流失,最大限度实现教育资源共享。

5. 满足大学生的自主学习需求

大学生正处于身心快速发展时期,对课程学习拥有自己的想法,尤其在听力和口语训练中,有明确的学习标准与要求。只有在网络环境下进行教学模式的优化与创新,从学生的角度出发,才能确保与时俱进,满足大学生对英语课程的学习需求。合理借助网络教材资源,使英语教学方式得到丰富,拓宽教学范围,快速获取最新信息,确保大学英语教学更加切合实际。对于大学生来说,可以快速获取目标内容,不同主题

内容的跳转更加方便,语言知识的连接更加轻松、高效。不仅如此,通过开展网络教学,大学生可以自由选取多种测试活动,与教师开展互动交流,拉近师生距离。通过学生之间的互动交流,学习资源传递更加有效,并在合作学习中增强团队合作意识,丰富自身知识体系。总体来说,在网络英语教学中,英语课程教学更加灵活多样,学生可以穿梭在不同教材内容、知识点中,实现自主浏览、学习与复习,满足了大学生的英语学习需求,夯实其英语知识基础。

（二）基于网络平台的大学英语教学创新

1. 因地制宜构建英语课程体系

在进行课程教学改革时,课程体系的重要性不可忽视,是提高教学科学性、有效性的基础保障,需要始终以创新、改革为发展宗旨,为学生的英语学习创造良好的学习环境。在实践中,高校应以提高教学有效性为目标,适当引入混合教学模式,逐步构建以学生实际需求为基础的自我学习、自我训练课程体系,注重线上、线下教育的有机结合,为学生提供有效的学习指导,充分发挥英语教育指导价值,帮助学生实现综合学习能力的提升。

2. 开展线上、线下联动教学

在移动网络教学环境下,大学英语教学模式从传统书本教学转变为信息化教学。为取得更理想的英语教学效果,英语教师应尝试"线上+线下"的相互结合,在传统教育与现代教育的双重保障下,使学生的学习能力得到提高,逐步构建完善的知识体系。在日常教学中,教师可以加强网络监管,对学生的学习情况进行指导与监管,详细了解学生对网站功能的运用情况,便于学习进度、作业完成质量的实时管控,使学生整体学习情况得到真实体现。在每节课开始前,教师可以根据教材内容,通过校园网站,向学生布置本节课学习任务,由其自主进行问题探究,为课程学习奠定良好基础。在完成信息资料搜集后,教师可开展线下合作学习任务,利用多媒体技术播放一些美剧片段,将学生划分为若干个小组,以小组为单位进行课堂演练,根据影片内容中简单的情景对话,由学生尝试自主配音,与组员共同交流与探讨,掌握正确的口语表达技巧,共同完成课堂学习任务,锻炼自身英语理解与口语表达能力,并在潜移默化中增强自身团队合作意识。

3. 教师需要做好引导和管理工作

在大学英语教学过程中,学生往往处于被动接受的状态,个别学生很难适应多媒体教学方式。针对这种情况,教师需要进行适当的引导。例如,在读写自主学习过程中,教师需要和学生共同分析每个学习阶段的难点,引导学生根据实际情况选择适合的信息,不可贪图过多的教学内容。对于理解能力较差的学生,教师需要让学生掌握基础学习部分。在视听自主学习的初始阶段,教师还需要解读课本,通过多媒体和网盘材料完成辅助讲解。为了保证计算机使用效果,教师需要做好学习组织工作,在学生使用计算机之前明确学习计划,每节课都需要设置相应的检测试卷,这样才能保证最终的教学效果。总之,自主化教学方式不等于无监督、无引导、无质量控制的学习模式。

如今正处于信息化技术高速发展的时代,在各个领域中加强对信息化技术的应用才能够适应社会的发展形势。在多媒体和网络环境下开展大学英语教学可以提升教学效率,改变学生传统的学习方式,加强教师和学生、学生和学生之间的交流。但是在多媒体和网络环境的具体应用中还存在着很多问题,需要教师不断地探索,更新自己的教学理念。

综上所述,社会在发展,时代在进步,网络信息时代的到来使我国各行业发生了很大的变化,高校教育工作也因此面临着全新的发展难题。高校的英语教学应做好教学模式的优化与创新,以课程为切入点,合理运用网络平台带来的优势与便捷,深入分析传统英语教学模式弊端,从平台建设、课程体系构建、线上线下融合运用、师资力量投入等方面入手,共同推进大学英语教学的改革与创新,提高英语教学效率,为学生提供优质的教学资源。

第三章

深度学习理论指导下的大学英语教学的创新理念

现阶段由于各种因素影响,导致有些学生对于英语知识的学习只停留在表面,缺少抽象思维与推理能力,部分学生的英语学习问题日益凸显,甚至个别学生对英语学习失去信心。因此,教师应该为学生制订长远的教学规划,不仅要巩固学生的英语基础知识,提高应用能力,还要培养学生的情感价值态度,让深度学习理念走进课堂。

第一节　坚持"以学生为中心"的教育理念

由于受我国传统教学模式的影响,有些人认为教师应当是课堂教学的中心。然而,以"教师为中心"的教学方式更多关注于知识点和教师的"教",学生的个体需求难以得到重视。大学英语教师应及时转变教学理念,转换师生在课堂上的角色。然而,在大学英语课堂中,有些教师仍未对"以学生为中心"的教育理念形成全面深刻的认识。因此,本节分析"以学生为中心"教育理念的提出与发展及框架结构,以期对教师转变教育理念提供一定的参考。

一、"以学生为中心"教育理念的提出与发展

20世纪初,受人本主义思想的影响,美国教育学家杜威提出"儿童中心理论",他指出,要以培养学生的兴趣为主,让儿童在兴趣的驱动下,与教师的指导进行有机结合,对知识进行自主构建。1969年,卡尔·罗杰斯提出了"以学生为中心"的教育理念[1],他指出,教育应该培养可以适应变化并且知道应该如何学习的人。[2] 学生是学习的主体,教学的一切活动都应该围绕着学生进行,教师在这一过程充当的是情境的创设者、技能的指导者、教学中的互动者。判断课堂是否以学生为中心,就要看在决策时是否主要考虑学生的学习过程,是否把学生的需求放在第一位。

这一理念引发了美国高校的一系列变化。1998年联合国教科文组织召开了"教育新领域"研讨会,会议明确了教育理念的转变方向,即从

---

[1] 方展画.罗杰斯:"以学生为中心"教学理论述评[M].北京:教育科学出版社,1990.
[2] 刘萍.对罗杰斯"学生为中心"教学思想的再思考[J].江苏教育学院学报(社会科学版),2003(3):23—25.

"以教师为中心"向"以学生为中心"转变。随着教育改革的进一步深入,"以学生为中心"的教育理念开始渐渐地被教育工作者接受,并在实践中探索和发展出了具体的教学方法。我国对这一教育理念的研究始于20世纪90年代。赵堪培认为,在英语口语教学中"以教师为中心"的教学模式不利于培养学生的口语交际能力和跨文化交际能力,这种教学模式会限制学生的主观能动性。他主张教师应切实转变教学观念,形成"以学生为中心"的教育理念。① 田昕指出,教育应转变以"教"为中心的教育观念,对大学生的培养应"以学生为中心"。刘献君认为,要摒弃"课堂、教师、教材"这三个"老中心",把"学生、学习、学习过程"作为课堂的"新中心",着力于学生的需求和发展。② 大学英语教育不仅要传授语言基础知识,也要提升学生综合素质,让学生了解世界文化,具备跨文化交际的能力。夏纪梅指出,大学英语教学不仅要关注"教"书,也要关注"育"人。学者们对"以学生为中心"教育理念都给予了充分肯定。

美国西拉姆学院于2017年提出了"新文科"这一概念,强调打破专业壁垒,进行跨学科学习,对文科专业进行重组。具有创新能力的跨界复合型人才是当今社会最需要的人才,而"以学生为中心"的教育理念与新文科建设的需求十分契合,因此大学英语教育也必须转向"以学生为中心"的新理念。

二、"以学生为中心"教育理念的框架结构

"以学生为中心"的教育理念已经具备一定的框架结构,其系统具有开放性和发展性。

(一)倡导学生积极参与,激发学习自主性

依据建构主义的观点,只有学生必须真正参与课堂,才能构建起一个"以学生为中心"的英语课堂。这一理念鼓励学生在"做"中学,通过"做"积极参与到课堂中,"做"也包括与他人的互动;同时也鼓励学生

---

① 赵堪培.以学生为中心提高口语教学质量[J].西安外国语学院学报,2000(2):81—83.
② 刘献君.论"以学生为中心"[J].高等教育研究,2012,22(8):1—6.

在课堂内外独立学习,制定学习策略。学生的积极参与增加了课堂的互动性与课堂参与感,学生也能从其他学生身上学到知识,从而意识到学习是自己的事,激发学生的学习自主性。此外,教师并不是与课堂无关,教师应组织课堂,引导学生思考,以小组讨论、情景模拟、案例分析、角色扮演、探究性学习等丰富的课堂组织形式,积极引导学生搜集材料、挖掘学习内容,在课堂互动中发现问题、解决问题。

(二)满足学生需求,符合社会发展

学习的最终目的是要满足学生的个性化需求,包括情感需求和社会需求。学习的内容不再完全由教师决定,而是取决于学生的需求。因此,在某种程度上,学习是由学生自己决定的。教师要聆听学生的意见,了解学生对教与学的需求,帮助学生制订合理的学习计划,激发学生的学习潜能和积极性。同时,学习的内容也应与社会对人才的需求对接。因此,"以学生为中心"的课堂不是机械单调的,而是要建立一个多元立体的课堂,满足不同学生多层次的学习需求。

第二节 注重学生差异,实施分层教学

近年来,各高校的发展规模不断扩大和招生人数逐年增加,基于生源来源的多样性和差异性,大学英语教学改革迫在眉睫。笔者从大学英语学科建设入手,具体分析目前大学英语分层教学内涵与特点、分层建设的具体实践。

一、大学英语分层教学的内涵与特点

所谓"分层教学",是指在学生知识基础、智力因素和非智力因素存在明显差异的情况下,教师有针对性地实施分层教学,从而达到不同层次教学目标的一种教学方法。大学英语分层教学具有如下几个特点。

（一）差异性

每个学生之间存在差异性，教师需要重视学生的这些差异性，从不同学生的特点出发展开教学，要将不同学生的潜力发挥出来，这就是分层教学。也就是说，在分层教学中，教师需要对学生的差异有清楚的认识，对这些差异进行解决。具体来说，大学英语分层教学中的差异主要包含如下几点。

第一，教学对象的差异。由于大学生来自不同的地区，因此他们的英语基础必然存在差异，因此教学中需要重视这些差异，重视每一位学生的最近发展区。

第二，教师教学风格的差异。教师自身的教育背景、生活经历不同，导致不同的教师形成了不同的教学风格。

（二）多样性

大学英语分层教学要具有多样性，具体来说可以总结为如下几点。

第一，教与学的多样性。既然高校英语分层教学对于学生的差异予以尊重，那么就不能仅仅参照某一模式展开教学，也不能仅仅使用一种评价手段、依据一种大纲，而应该从不同学生的需求出发保证教学的多样性。

第二，英语技能的多样性。大学英语教学不仅要求学生掌握英语基础知识，还要求学生对基本技能的使用，努力培养学生具备跨文化交际能力。

（三）针对性

在大学英语分层教学中，教师需要考虑学生的个性需求，对他们展开个性化的帮助与指导。这体现出大学英语教学是符合学生的个性需求的，能够将学生某一部分的特长发挥出来，从而提高整体教学的质量。具体而言，大学英语教学需要满足学生的个性需求，在教学中发挥出教学智慧，从而对学生展开有针对性的教学。所谓针对性，具体包含如下几点。

第一,大学英语分层教学的针对性主要受学生的差异的影响。学生的智力水平、基础水平等存在差异,大学英语分层教学的针对性就需要考虑学生的这些差异,让教学真正地深入学生的内心。

第二,大学英语分层教学的针对性是对"一刀切"教学模式的否定。教师需要从学生的个性、能力等出发,对教学内容、方法等进行选择,对教学活动与学生进行分类。

第三,大学英语分层教学的针对性要求教师考虑学生的不同风格展开教学。学生的情感、生理等因素会对学生的学习风格产生影响。学生的学习风格主要体现在对信息的采集与加工上。教师需要根据学生不同的风格,对教学方案进行有针对性的制订,引导学生从自己的特长出发,选择适合自己的学习方式,对自己的学习缺陷进行弥补。

第四,大学英语分层教学的针对性并不是传统上的因材施教这么简单。因材施教的理念主要是面向个体学生,大学英语分层教学针对的是全体学生,要对全体学生的差异予以关注,考虑每个学生的需求。

(四)交际性

语言是人类交往的工具和手段,其最根本的性质就是交际性。语言离不开文化,文化也在语言中有明显的体现。在大学英语教学中,语言与文化密不可分。因此,大学英语教学中需要融入文化知识,即不仅教授语言知识、语言技能,还需要将文化内容融入其中,这样才能帮助学生运用语言展开跨文化交流。文化知识与适应能力是展开交流的关键,从本质上而言,语言交往能力是深层次地获取文化知识的前提。

大学英语分层教学的交际性主要表现在以下四个方面。

一是大学英语课堂教学让大学生掌握了大量的英语文化知识,从而实现大学英语的交际功能。

二是英文资料的阅读实现了大学英语的跨文化交际功能。

三是面对面的对话交流实现了大学英语的交际功能。

四是在坚守中国文化的基础上,向外推广中国文化,从而实现大学英语的交际功能。

二、大学英语分层建设的具体实践

（一）有序推进分层建设

在推进学科分层建设过程中，始终体现"因材施教，多层共育"特色。例如，教师可以根据学生入学时的英语成绩了解他们的学习水平，以"基础层英语教学班"（B层）和"提高层英语教学班"（A层）的形式分层组班，各层依据不同评价考核难度，采用不同难度英语教材，由相关教师施教授课，达到各层的教学目标。

（二）加强师资队伍建设

加强师资队伍建设，注重强化教师教学科研能力和学历提升，促进大学英语分层教学育人质量再上新台阶。这主要包括以下三个方面。

1. 强化教师教学、科研以及竞赛能力，促进大学英语分层教学育人质量提升

在实施分层教学的过程中，教师应通过阶段性教学总结经验，保证课堂教学质量，同时还应积极参加各级别的教学能力比赛，将积累经验融入教学。同时，大学英语教师应注重自身的科研能力提升，即通过论文撰写、课题申报等，有效形成学科分层教学理论成果。一方面，分层理论成果能指导教师开展英语学科分层教学；另一方面，积累的教学经验进一步丰富分层理论成果，使其更加成熟，促进英语学科分层教学育人质量提升。

2. 优化师资队伍结构，提升教师学历

在教师学历提升以及职称晋升方面进行优化调整，促进教师队伍发展，为英语学科分层建设提供大量理论成果和实践成果支撑，从而有力推进学科分层建设。具体来说，首先加强对高学历教师的培养指导，帮助他们尽快成为教学骨干。其次对于教龄较长，且学历偏低的教师来说，要加强对他们在个人学历、教学科研方面提升的支持和督促。最后是教师职称晋升方面，应鼓励高学历教师晋升个人职称；同时也要鼓励

高职称教师积极承担在英语学科分层建设工作中的相关重点工作,辅助英语分层建设工作有效推进实施。

3.积极促进英语学科分层建设相关理论成果转化,助力地方产业经济发展

大学英语分层建设的目的是促进学生学科核心素养的发展,为国家培养高素质技术人才。所以,英语分层建设工作相关的教学科研理论研究成果也应体现外延性、辐射性特点。教师通过灵活运用学科优势和分层建设相关理论,以对社会人员进行英语培训服务,对地区相关单位提供翻译与交流服务等方式,实现英语分层建设理论成果转化,有效助力地方产业经济发展。

第三节　做学一体,实行项目教学

一、项目教学法的内涵与特征

(一)"从做中学"

项目教学法起源于美国,是20世纪60年代发展起来的一种教学方法。项目教学法就是在教师的指导下,将一个相对独立的项目交由学生处理,收集信息、设计方案、实施项目及最终评价。学生通过项目实践获取知识和应用知识,因此实践性是项目教学法的主要内涵。

(二)完成任务或解决问题

项目教学法是以主题和任务为中心驱动式教学。首先教师需要根据教学问题设计和制订一个工作任务,即创设学生当前所学的内容与现实情况相接近的情景环境,把学生引入情境。在实施过程中,学生要根据任务进行思考和讨论,设计出具有可执行性的处理方案,用理性审视

假设,并展开测试;或者是实施调查研究,运用相关理论深度解读调查结果,最终提出解决问题的建议。这种探索活动的好处不在于完成任务或是解决问题本身,而在于发现问题所涉及的各种知识和技能,以及对问题某些方面形成深刻的理解。因此,项目是学习的媒介,正确处理和回答项目中的问题以获取知识,并使学生逐渐习惯独立地解决问题,提升其综合素养。

二、项目教学法的框架

项目教学法是指一个由学生组成的小组有一项确定的任务,学生计划并且完成,结束时有一个正确的结果。项目教学法最显著的特点是"以项目为主线、教师为引导、学生为主体"。如下几个方面描述项目教学框架:项目教学宏观设计思路和项目教学步骤。

(一)项目教学宏观设计思路

项目是由课题组教师结合教材的单元主题、学生实际拟定的,属于研究类项目,需要使用问卷调查、采访等研究方法,使用归纳、总结、推理、综合等分析方法,使用联系环境、社会等立体层面溯因的讨论方法,按照"现象→问题→调查→分析→讨论→解决问题"这个逻辑展开研究。通过研究实践、汇报展示、评价和反思,在如下几个方面学生的能力得到提高。

(1)思想认识:对项目调查、研究、思考、分析、讨论,通过归纳、总结、推理、演绎、综合,联系环境、社会等对现象进行理性解读,致力于解读现象中存在的问题,从而深化学生对项目的认识深度,增强其社会责任感和担当意识。

(2)语言:项目实践可以帮助学生打下扎实的语言基础,锻炼读、写、说的技能和培养语言综合运用能力。

(3)内容:使学生拓展对本单元话题的认知,通过信息查询、文献阅读了解跨学科知识和丰富相关知识。

(4)能力:培养学生研究能力、自主学习能力、合作交流能力、批判性思维能力、问题解决能力、信息搜索能力、各类软件和平台使用能力。

（5）情感：培养家国情怀，培养学生内在的学习动机、积极的学习态度和较强的自我效能感。

（6）素养：通过教师的指导和规范，通过学习、研究、汇报、展示和比赛，通过评价和被评价，培养学生的学术素养、信息素养、视觉素养。

（二）项目教学步骤

项目教学按照如下几个教学阶段进行。

介绍项目和分组：先介绍"项目式教学"理念和"如何做项目"，之后将学生进行分组并选拔负责人。

设计项目：由课题组教师根据教材的单元主题、学生生活和学习实际设计项目，然后给项目小组布置任务。项目小组根据组员的理解和看法对项目进行"再设计"，并拟定具体的研究目标或研究问题。

制订计划：项目小组负责人根据研究目标，通过协商制订项目计划、工作步骤，并得到教师的认可。

实施计划：项目小组负责人通过协商确定小组成员的合作方式，明确组员在项目实践中的分工，然后按照已确立的工作计划和步骤开展项目实践。工作步骤包括确立研究目标→阅读文献→确定研究方法→展开调查（问卷/采访）→回收和分析数据→总结研究发现→讨论并得出结论→用英文制作PPT→撰写研究报告。

检查修改：汇报展示前由教师对PPT和研究报告进行检查和审核，并提出修改意见。然后学生修改，教师再审核直至合格。

展示与评价：负责汇报的小组成员在教室或在线上用英语演示PPT。汇报结束后，由学生（非本组成员）和教师依据评价标准分别点评。课后，教师以书面形式在班级公布评价结果。

反思与借鉴：项目小组根据终评对PPT和研究报告进行最后修改，然后提交作品。教师将最佳作品发到班级群，给予表扬。最佳作品将和其他班的最佳作品进行二次评比，胜出作品参加学期末的决赛。

项目教学后期：每阶段（即每学期）项目教学完成后，教师对学生的项目成果（PPT和研究报告）进行修订和汇编，根据学生学习表现和问题反馈、项目成果折射的共性问题，反思项目教学的短板，继而进一步完善项目的设计，为下一阶段教学做准备。

第四节　引导学生进行自主学习与体验式教学

一、自主学习

（一）自主学习的定义

当前，自主学习不再仅作为一种学习方式存在，而作为一种教学领域的教学方法。因此，有必要对自主学习进行界定。自主学习主要视作一种学习方式，而学习方式对于学习者而言是个人特色与学习倾向、学习策略的综合。

简单来说，本书所说的自主学习主要是基于教师的指导，运用元认知策略、动机策略与行为策略，进行主动学习的一种手段。一般来说，对于这一定义可以理解为如下几个层面。

（1）三种策略的界定。所谓元认知策略，即在获取知识的过程中，学习者制订学习计划、确定学习目标、对自己的学习进行监控与评价。所谓动机策略，即学习者展现的自我抱负与自我效能，以及对学习是否感兴趣。所谓行为策略，即学习者对学习环境进行选择、组织与创造，向他人进行咨询，并寻找适合自己的信息，为自己创造舒适的学习环境，往往通过自我指导来进行学习，通过强化自己，执行自己的计划。

（2）对于这三种学习策略，学习者往往是自觉运用的，即在学习中是有意识地加以运用，这就是虽然很多学生的学习已经涉及了自主学习的成分，但是还需要不断提升的原因。

（3）通过主动学习达到一定的成效。关于主动，首先表现在学生的学习动机被激发出来，其次表现在学生对各种学习策略的运用。而达到一定的成效即有效性，这主要表现在学生通过自主学习提升自身的能力，他们能够随时考虑学习任务的难易程度，对学习方法进行调整。

（二）培养大学生英语自主学习能力

1. 转变教学思想，重视学生主体地位

在建构主义思想的引导下，教师需要从实际出发，着重培养学生自主构建英语知识的能力，促进学生英语综合素养的发展。为实现这一教学目标，教师需要转变已有的教学概念，体现学生在课堂中的主体地位，使其主动加入整个英语学习过程。学生主体地位的体现以及自主学习，意味着教师的角色从信息提供者转变为学生学习计划的管理者。这一内容与建构主义要求教师由知识传授者转变为学生自主构建学习框架的帮助者内涵一致。在建构主义思想指导下，学生转变为信息加工主体，成为知识体系框架的构建者。为此，教师需要转变教学思想，重视学生在课堂中的主体地位，通过有效引导来提升他们的学习兴趣，学生的自我输出转变成为教学的主要内容。①

例如，在大学英语阅读教学中，教师可以转变以往的教学思想，进行必要的引导，使学生掌握更多的知识与阅读技巧。传统的阅读教学，课堂主体是教师，在课堂中教师讲、学生听，这就导致学生的学习兴趣难以提升，教学效果得不到保障。结合这一现状，笔者在阅读教学中转变了教学思想，关注学生的学习体验，凸显他们的主体地位。例如，在指导学生学习 Chinese architect wins major prize 一文时，笔者通过教学流程的完善引导学生掌握必要的知识。笔者首先在学习软件上布置课前学习任务，让学生自主查阅相关资料。其次，结合本文的阅读重点制作了微课，其中包含本篇议论文的主体结构、大体思路、重点单词。通过引导的方式，学生掌握更多的知识和阅读技巧。

2. 激发学生学习动机，提升其学习主动性

基于建构主义的大学英语教学需要教师激发学生的学习动机，以"趣"为抓手，通过教学内容的丰富，提升学生的学习主动性。在建构主义背景下，学生成为主动的构建者，在学习过程中不断探究、不断积累来构建知识的意义。与此同时，在构建意义的过程中，教师要引导学生

---

① 周圆.建构主义学习理论视阈下的大学英语写作翻转课堂模式研究——基于长春师范大学工程专业英语课程的实证研究[J].现代商贸工业，2021，42（4）：133—133.

自主搜索、判断相关的信息资料,对遇到的问题提出假设,并通过分析加以验证,还要善于将前后知识相联系,并进行思考,这是学习动机的重点所在。简而言之,学生的学习动机主要体现在以下几点:目标的确立、方案的制订与完善、资源的整合利用等。这些内容与建构主义理论内容大体相同。为实现这一目标,教师要成为学生构建意义的帮助者,从而调动学生参与的主动性,提升其学习兴趣。

写作是英语学习中的重要内容,同时也是很多学生英语成绩提高"难以逾越的鸿沟"。特别是在大学,部分学生自主学习意识的下降导致英语写作教学的实效始终难以提升。为了改变这一现状,教师需要围绕建构主义,结合学生的能力和需求以及教学现状,通过明确写作的主题、自主搜集资料、内容完善以及分享完善写作教学流程,激发学生写作的主动性。

3. 基于网络信息技术,革新教学形式

当前,教学模式的革新是推动大学英语教学革新发展的重要内容与方式。建构主义认为,通过革新教学形式而创设的学习情境,可以满足学生的自主学习目标,促进学生综合素养的进一步发展。在网络信息技术环境下,学生可以在各类工具的帮助下来完成自己的学习目标,有利于学生的知识构建。很明显,网络可以为学生提供一个符合建构主义要求的学习环境。在此基础上,教师可以进行相应的拓展,进一步创新教学模式,引导学生掌握更多的知识,促进学生英语整体能力的不断发展。例如,在写作教学中,教师可以通过网络信息技术满足学生的自主学习能力发展需求,进一步推动建构主义背景下大学英语教学的发展。

(1)构建线上、线下混合教学体系

随着时代的发展,各类教学方式层出不穷,教师要从中合理选择,可以满足学生自主学习能力发展需求的教学方法。基于网络信息技术的线上、线下教学体系打破了传统教学方式的限制,学生可以在丰富的内容以及趣味形式的吸引下主动加入学习过程,实现自身知识理论体系的构建,自主学习意识与能力进一步提升。为构建线上、线下混合教学体系,教师需要整合教学资源,将培养目标和教学要求作为依据,制作多元且丰富的PPT、视频,并将英美报刊、翻译技巧等内容上传学习平台,学生可以在移动设备上进行学习,遇到不懂的内容既可以重新播放,又可以在评论区留言,等待教师解答。

（2）依托信息技术，渗透跨文化意识

具体而言，跨文化意识既是写作教学中的重要内容，又是提升学生自主学习能力，培养其写作技巧的必要手段。由于中西文化背景存在差异，学生在写作过程中存在的错误大多是由于不当的措辞造句所导致的。为了使学生掌握更多的国外文化背景知识，教师可以借助信息技术，进一步培养学生写作能力以及跨文化意识。第一，布置线上学习任务。教师通过班级微信群、线上学习平台等布置自主学习任务，要求学生搜索并了解有关中西方文化之间差异的实例、具体表现等，并在课堂上进行分享。第二，课前整合学习资源，并将这些内容直观化、具体化，引导学生掌握更多写作技巧，培养学生的跨文化意识。

4. 强化学习策略培养，提升使用学习策略意识

建构主义认为，学习不是学生被动地接受相关知识，而是结合自身的需求以及经验，对信息进行自主选择、处理，将之构建为自己的理解。除此之外，学习过程并不是单一的信息输入、存储以及输出，而是新知识和经验之间互动的过程。不同于以往教学模式的硬性要求，建构主义背景下的自主学习，更加尊重学生的主体性，重视学生的个性化发展，关注学生学习策略能力的形成。

综上所述，将建构主义融入大学英语教学中的各个环节，可以实现学生自主学习能力的提升，并推动教学发展。基于此，教师要转变落后的教学思想，重视学生在课堂中的主体地位，通过教学模式的创新、教学体系的完善满足学生的自主学习能力发展需求，促进教学发展。

二、体验式教学

在移动网络背景下，体验式教学是以学生为主体开展的高效、创新教学方式。在大学英语教学过程中融入体验式教学，让学生通过亲身体验获取知识，对教学起到了非常重要的作用。体验式教学体现了创设意境、切身体验、实践操作等优势。教师结合体验式教学的优点，能培养学生学习能力、思维能力、逻辑能力，让学生对学习产生浓厚的兴趣，有利于学生提高英语学习能力。

（一）体验式学习的基本模型

1. 认知方法/学习方法模型

体验式学习的有效性体现在其与人的认知、人的情感、人的身体有着密切的联系。并且，体验式学习发生于这三种认识方式的结合之中，如图3-1所示。

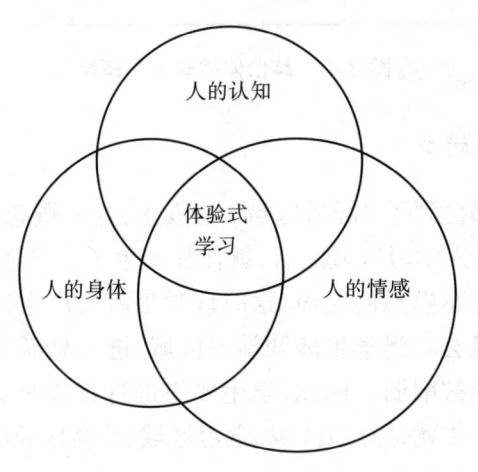

图3-1 认知方法/学习方法模型

2. 赫伦体验式学习模型

英国心理学家约翰·赫伦强调，体验式学习应该注重情感，并将情感纳入其范畴之中，如图3-2所示。第一步是情感，是建立在原始经验的基础上，是一个"情感"的步骤。第二步是想象，即将来所发生的情况往往通过想象、直觉等体现出来。第三步是概念，语言或者语言符号对所学的科目进行解释。第四步是行为，是通过具体的行为进行学习的过程，要做到知识与行动的统一。也就是说，在赫伦看来，只有将情感调动起来，体验式学习才能够发生。

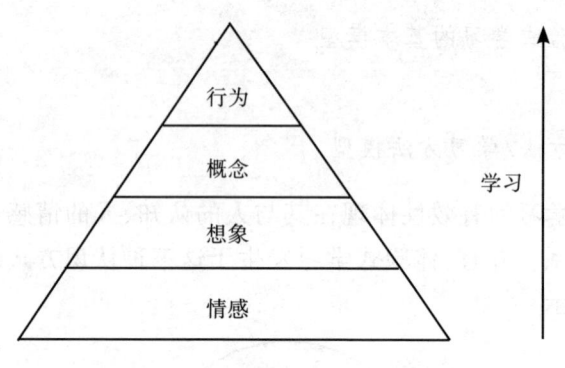

图 3-2　赫伦体验式学习模型

3. 舒适区域模型

很多学者都提到了"舒适区域"的概念,这一概念认为如果学生从舒适区域走出进入学习区域之后,就往往产生了学习这一过程。学习区域中会涉及一些不熟悉的层面,这时候学生就会产生兴奋感,从而不断增加深度学习机会。当学生离开学习区域,进入恐慌区域的时候,这种学习过程往往会被削弱。因此,学生要想进行有效的学习,必然要走出舒适区域。图 3-3 就是舒适区域、学习区域、恐慌区域的关系。

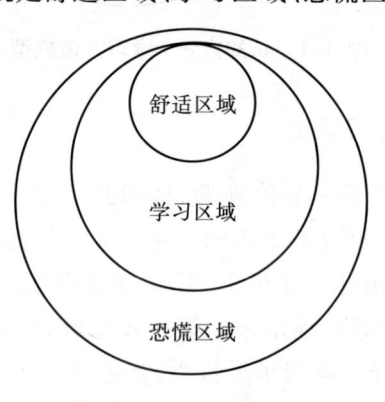

图 3-3　舒适区域模型

4. 刺激模型

学者耶基斯与多德森在很多年前就对刺激理论进行了研究,这一理论如图 3-4 所示,强调行为与刺激之间的关系是二次项的关系,是一种线性的关系,并且构成了一个倒 U 形结构。也就是说,如果对学生的刺激增加,那么他们的学习热情也会随之增加,直到最理想值的出现;如果刺激继续增加,他们的学习热情就会逐渐减少。在使用这一模型的时候,很多学者往往将最理想值标记成"学习区域"。

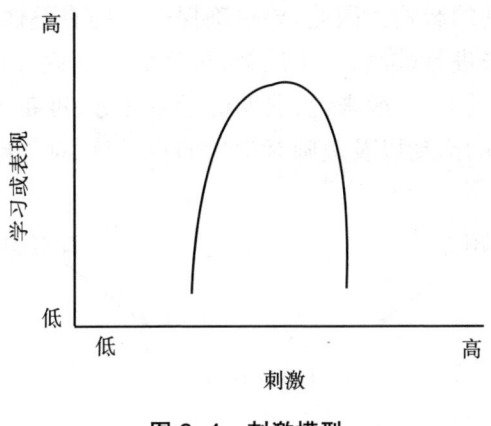

图 3-4 刺激模型

5. 灾变理论模型

这一模型是在刺激理论的基础上产生的。灾变理论模型认为,如果学生受到过度的刺激之后,尤其是出现焦虑之后,他们的学习热情会出现剧烈下降,如图 3-5 所示。在舒适区域模型中,很多学者将其称为"恐慌区域",学生往往在恶劣的环境中感到恐慌,导致他们退缩甚至很可能放弃学习。

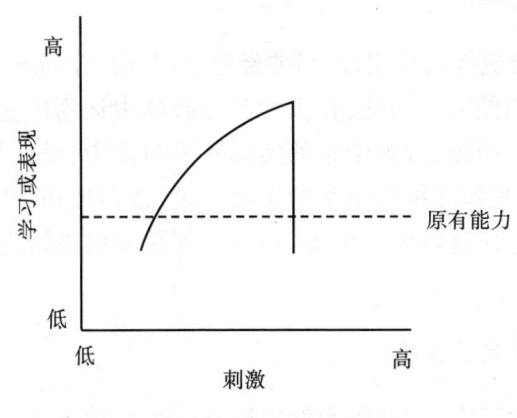

图 3-5 灾变理论模型

6. 自我效能理论模型

自我效能主要是一个人履行预期要求能力的个体概念,这一概念主要包含图 3-6 的四个层面。按照学者班杜拉的观点,在这四个层面中,先前的经验是最强有力的层面,只有具有有益的先前经验,才能对后期的体验产生有利的影响。因此,要想确保体验的有益性,往往会需要通过相同的体验来进行鼓励,给予反馈(即言辞的劝说),并为学生提供良好的环境(即激励)。一般来说,前期的学习任务、准备工作、课堂作业、学习经验、课内的活动以及教师对学生的指导等,都能够在自我效能中发挥作用。

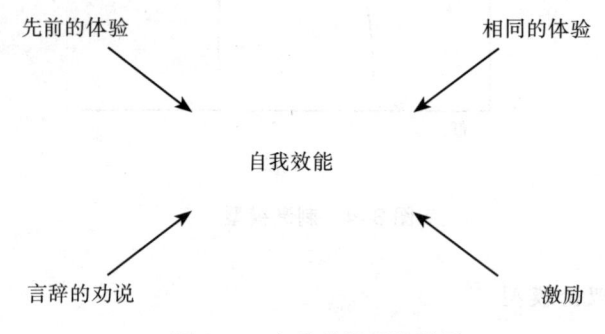

图 3-6 自我效能理论模型

(二)体验式学习在大学英语教学中的优化运用思路

1. 循序渐进推进活动

英语具有交流性与应用性,需要经过长时间的学习与积累形成英语交流能力与运用能力。因此,在大学英语教学中运用体验式学习,需要遵循循序渐进的原则,根据学生的实际水平与能力,设计相应难度的学习活动。之后,教师应根据学生的学习效果,逐渐增加难度、拓展深度,引导学生逐渐适应这种学习节奏,逐渐掌握更多的英语交流技巧、提升英语运用能力。

2. 小组合作完成体验

在体验式学习中,教师要为学生提供一个互动环境,才能够有效地发展学生的口语表达、语言运用能力。因此,教师可以使用"小组合作"的方法,让学生以小组为单位参与到英语学习中,共同完成任务。在这一过程中,学生既可以与同组伙伴协同完成任务,共同探索英语知识,又可以互相交流,在组内交流的过程中进行大量的口语交流,提升口语交际能力。

3. 多元评价强化效果

课程评价是大学英语教学的关键环节之一,作用是评价学生的学习成果与个人发展情况,为学生指明接下来的学习方向,提出可靠的学习建议。在英语教学中运用体验式学习,教师需要考虑体验式学习与原本教学模式的不同,适当调整课程评价,包括评价方向、评价频率、评价内容与指标。科学合理的课程评价可以进一步指明学生的优势与不足,为学生充分发挥自主能力、积极主动参与英语学习提供支持,进一步强化学生的学习成果。

第四章

深度学习理论指导下的大学英语教学的创新模式

深度学习强调学生在学习过程中的"应用、分析、评估和创新"能力,将深度学习理论和英语教学模式进行融合,可以为提升大学英语课堂教学质量提供契机。本章结合深度学习理论,构建在深度学习理论指导下的大学英语课程新型教学模式,以推进人才培养模式和教学方法的变革,对重构信息化背景下的教学体系有重要的应用价值。

第一节 多模态教学模式

一、多模态教学的内涵

在多模态话语分析理论的基础上,有学者提出了多模态教学方法。作为一项教学理论,其包含多个层面,如声音、图像、视觉等。根据这一理论,语言的输入与输出都会受到多种符号模态的影响,因此在大学英语教学中,可以将多种符号模态加以融合,并考虑图像、音乐等形式,丰富大学英语课堂教学,将学生的兴趣激发出来。

教师采用多模态教学,可以结合网络手段,为学生创设各种情境,这样学生才能在深度学习中体会到快乐,将学生的各个感官激发出来,促进学生英语技能的进步与发展。

二、多模态教学的原则

(一)坚持"以学生为中心"这一核心原则

在大学英语多模态教学中,"以学生为中心"是核心原则。"以学生为中心",即发挥学生的主体性与能动性。在大学英语多模态教学中,学生是深度学习的主体。要想实现"教学相长",就必须将学生作为教学中心来促进教师的教,让教师对学生的深度学习进行指导。在教学的内容上,教师需要将学生的积极性与主动性调动起来,学生可以根据自身能力、自身认知等层面的具体情况,结合教师的指导,对自己的深度学习策略进行调控,从而与教师的教授形成良性的互动。

（二）建立以对话为主的层面

如今教师与学生之间的对话是基于网络时代构建起来的，大学英语多模态教学模式要建立在以对话为主的层面，这是其内核。具体来说，教师教学的效率、学生深度学习的能力这些都与师生之间的良性对话有着密切的关系。其中，利用网络资源优势，为学生设计与他们相符合的活动，引导学生展开多元层次的互动，构建传统教学与网络教学相结合的新型模式，是教师值得关注的方面。当前，最关键的层面在于不断更新教师的教学理念，如果不改变这一点，那么无疑就是"穿新鞋，走老路"。

三、大学英语多模态教学的意义

（一）改善学生的英语学习模式

首先，从多模态表现形式的需求出发，大学英语多模态教学往往采用的是不同的教学手段，对教学形式加以丰富，避免英语教学过于单调。这样的方式可以将学生的深度学习积极性调动起来，通过参与各项活动，学生的英语深度学习也变得更为主动，便于学生形成自主学习的意识。同时，积极参与也能够锻炼其综合能力。

其次，大学英语多模态教学能够对传统单一的模态教学进行弥补，从教学目标、教学内容出发，采用不同的教学方法，用直观的方式让学生主动、积极地参与其中，提升他们对语言使用的效率，进而提升学生的综合运用能力。

（二）提升英语教学的质量和水平

大学英语多模态教学是将多种模态结合起来展开教学，将学生的各个感官调动起来，让学生对深度学习内容有所了解，在同样的时间内，多感官要远远比单一的感官更容易理解与记忆。这在一定程度上提升了教学的效率和质量。

四、基于深度学习的大学英语多模态教学的实施策略

（一）充分发挥多媒体资源的优势

多模态教学强调调动学生的多种感官，从而满足大学英语教学的要求。多媒体课件正是这样的一种实现手段，其将文字、音频、视频等集合起来，便于调动学生的多种感官。当然，教师在制作多媒体课件的时候，需要进行多种准备，需要考虑不同的教学任务，对各种资料进行搜集与设计。

（二）构建大学英语网络空间

随着网络技术不断进步，大数据技术也在不断革新。高校的校园网、校园论坛更加丰富，也被逐渐应用到教学中。所谓网络空间教学，即教师通过网络平台与学生展开交流与互动。

进行英语网络空间教学之后，教师与学生之间突破了时间、地点的限制，可以进行在线问答，这样不仅便于教师了解学生的深度学习情况，也能增进彼此之间的关系。

通过网络空间，教师可以对学生的作业进行批改。学生按照固定的时间提交自己的作业，然后教师进行批改与反馈，这样不仅可以节约用纸，还可以让师生进行互动。

需要指明的是，网络空间要想发挥出应有的作用，就要让学生与教师积极参与其中，学生需要登录网络空间完成深度学习和作业，教师要实时进行分析和阅读，从而评估学生的深度学习情况。

第二节　翻转课堂教学模式

一、翻转课堂教学的内涵

翻转课堂是一种新兴的教学模式（如图4-1），它所提出的理念和方法在许多学校中越来越受欢迎。

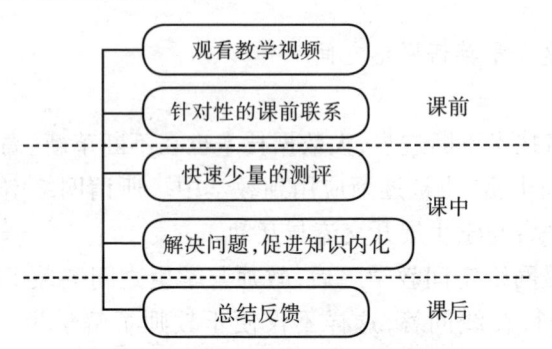

```
观看教学视频 ┐
针对性的课前联系 ┘ 课前
------------------------------
快速少量的测评 ┐
           ├ 课中
解决问题，促进知识内化 ┘
------------------------------
总结反馈 ── 课后
```

图4-1　翻转课堂教学结构图

这一模型为学者、专家进行教学模式探索提供了基本思路。那么，到底什么是翻转课堂教学模式呢？有人将其定义为一种在线课程，也有人将其定义为传统课堂顺序的颠倒，并未实质进行变动。但是，这两种观点都不准确。实际上，翻转课堂的核心在于教学视频，但是教师在其中仍发挥重要的作用，因此不能将翻转课堂定义为一种在线课程。在传统的课堂中，教师是直接传授知识，但是翻转课堂是将知识传授予以提前，而将课后需要练习的内容转移到课堂之中，学生与教师在课堂上可以进行探讨。这种"颠倒"实际上是为了让学生对知识进行内化，这才是翻转课堂的内涵所在。

二、大学英语翻转课堂教学的意义

(一)真正实现了以学生为中心

翻转课堂教学模式是对传统教学场所、教学时间等的改变。通过这一教学模式,教师将讲授的媒介转向视频,学生通过自学获取知识。教师可以通过各种网络平台为学生提供资料,学生可以在网上对这些资料进行获取,从而进行深度学习。课堂成了学生与教师、学生与学生之间交流的场所,从而激发学生的学习兴趣。

(二)让学生的英语深度学习更为自主

在翻转课堂教学的课前预习以及课堂的任务活动部分,都需要学生参与其中,这不仅是让学生对学习负责,还让学生认识到只有通过深度学习,才能够与教师展开探究。这时候,学生从被动的学习转向主动的深度学习,从而培养他们的自主学习意识。

三、基于深度学习的大学英语翻转课堂教学的实施策略

(一)设计英语教学过程

美国创新学习研究所(Innovative Learning Institute, ILI)提出了翻转课堂设计流程。ILI认为,翻转课堂的设计过程主要包括如下几个层面。

第一,确定课外学习目标。
第二,选择翻转课堂的具体内容。
第三,选择翻转课堂传递的手段。
第四,准备翻转课堂教学的资源。
第五,确立课内学习目标。
第六,选择翻转课堂评价的手段。

第七,设计具体的翻转课堂教学活动。

第八,辅导学生展开学习。

(二)开发英语教学资源

从广义层面来说,教学资源指的是用于教学的材料以及相关的人力、物力、设施等,能够帮助个体展开深度学习。随着科技的进步,信息化教学资源呈现出来,具体是指在信息技术环境下,为了实现教学的目的而出现的各种教学资源,如人力资源、信息资源等。

随着信息化资源的丰富和在教学中的应用,人们提出了翻转课堂的教学理念,从上述翻转课堂的过程可知,要想实现翻转课堂,需要具备一些基本的教学资源,如教学视频、阶段训练、学习任务单等。

当然,要想实现翻转课堂,除了需要具备上述一些资源外,还需要考虑借助一些软件工具,将其贯穿于翻转课堂教学的全过程。这些软件的作用在于帮助教师设计教学视频,帮助师生展开协作交流,展示学生的深度学习成果等。

第三节 慕课与微课

一、慕课教学

(一)慕课教学的内涵

所谓慕课,英文是MOOC,是"大规模在线开放课程"的简称。慕课的课程是开放的,当然慕课的课程非常宏大。简单来说,慕课的课程具有分享性,无论学习者在世界哪一个角落,都可以通过慕课进行学习与下载。与传统课程相比,慕课课程有图4-2所示的优势。

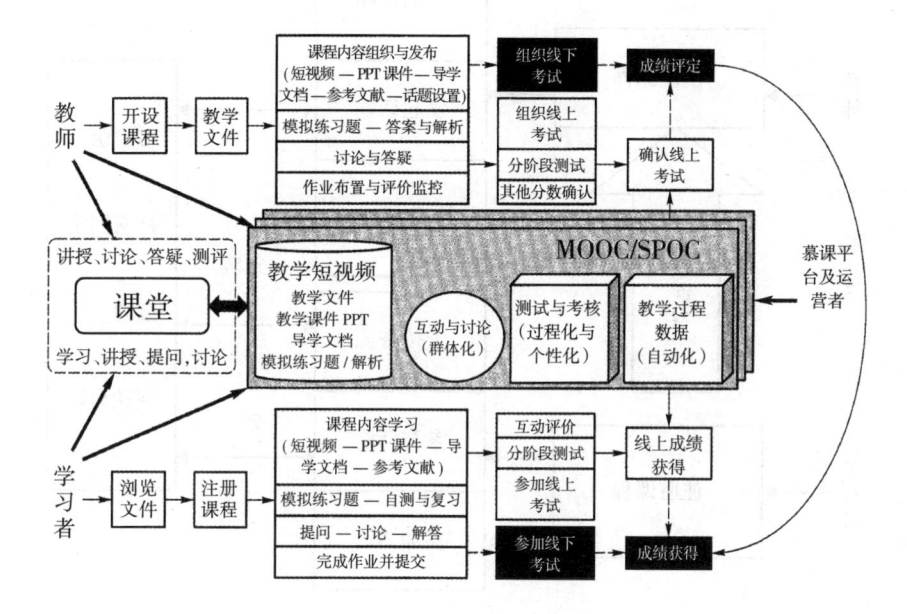

图 4-2 慕课教学的优势

（二）慕课教学的分类

1. 基于任务的慕课教学模式

这一模式具体如图 4-3 所示，其主要研究的是学生在任务完成之后对知识的获取情况。学生可以从自身的学习方式出发，按照具体的步骤开展学习。学生可以对一些视频、文本等进行观看，也可以参考其他学生的成果，从而完成自己的任务。

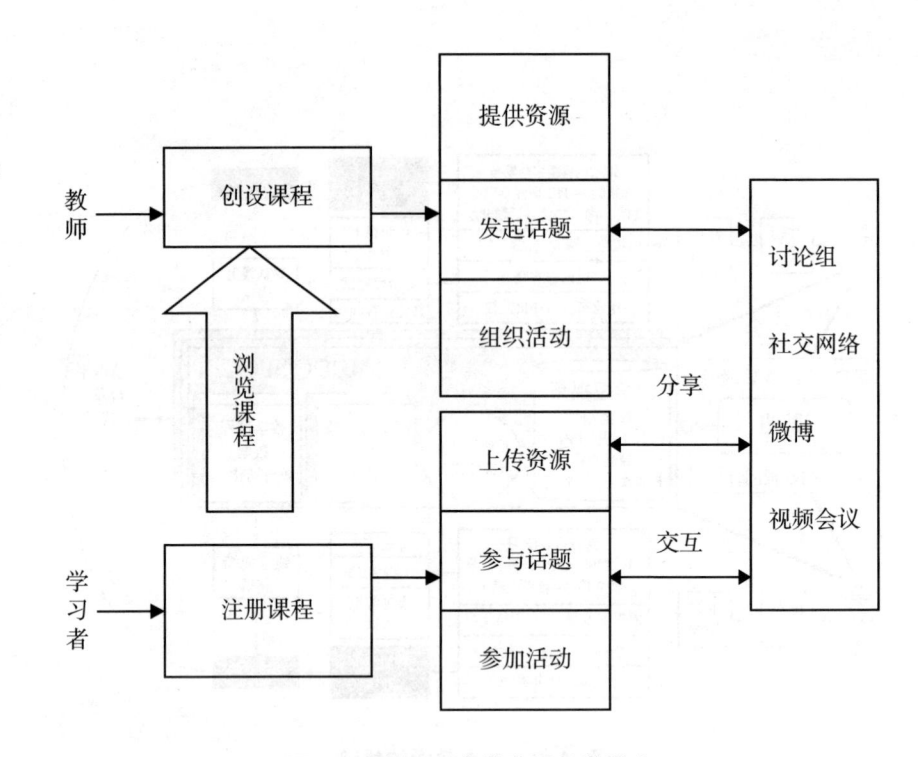

```
教师 → 创设课程 → 提供资源
              → 发起话题 ←→ 讨论组
              → 组织活动      社交网络
                       分享   微博
学习者 → 注册课程 → 上传资源   视频会议
              → 参与话题 ←→
                       交互
              → 参加活动
(浏览课程)
```

图 4-3　基于任务的慕课教学模式

2. 基于内容的慕课教学模式

这一模式如图 4-4 所示，主要侧重于学生对学习内容掌握程度，一般会通过总结性评价、形成性评价等手段评估学生的深度学习成果。在这一模式中，很多名校视频也包含在内，并设置了专业的用于测试的平台，学生在这一平台可以免费进行深度学习，并可以取得相应的证书。

综上所述，慕课教学模式的特征总结如下。

第一，慕课课程设计以及活动组织都是建立在网络这一平台基础上的。

第二，慕课课程设计不仅包含了课程资源、课程视频等内容，还容纳了学习社区等内容。

第三，慕课课程的时间一般不会太长，控制在 8—15 分钟之内最佳。

第四，慕课课程设计主要考虑大众因素，因此在目标设置的时候需要从多方面考虑。

第五，慕课课程设计应保证创新性和开放性。

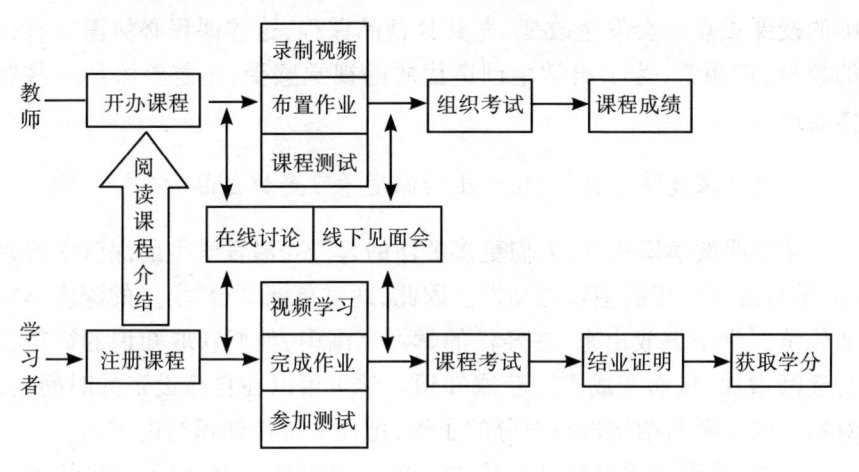

图 4-4 基于内容的慕课课程设计开发模式

（三）大学英语慕课教学的意义

1. 突破时空限制，转变教学模式

慕课教学突破了传统的教学限制，让学生在接受教育的时候，不因时间、地点等受到限制，这对于传统的高等教育来说，面临着巨大的挑战。

慕课教学模式对于大学课程的设计与开发、师资等影响巨大，尤其明显的影响主要体现在教学方法与策略层面。因此，当前的高等教育除了要适应社会发展的趋势之外，还需要考虑慕课教学在我国的本土化问题。一些专家、学者通过研究国外的慕课教学，建立了很多本土化的英语在线开放课程，这样学生不仅可以选择适合自己的课程，还能学到英语知识，提升自身的英语水平。也就是说，英语慕课教学使教学更加优化，提升了教学质量与效果。具体来说，英语慕课教学在教学层面有如下两点优势。

第一，将英语教师从传统的教学模式中解放出来，但是他们也面临着巨大的挑战，就是要不断学会运用技术，为学生构建高效、多样的英语慕课。

第二，运用慕课教学模式，教师的需求将会减少，并且会在慕课教学中出现一些"明星"教师,每一位教师都会有很多的"粉丝"。另外,教师的授课重点也会发生改变,尤其是精品课程,这些课程必然需要有好的教材、声源等,为了给学生创造优质的视觉感受,还需要添加一些肢体表达。

2. 激发深度学习兴趣,使学生的深度学习更加自由

在慕课教学模式下,人们更多关注的是能否激发学生的深度学习兴趣,是否发挥学生的主观能动性。因此,通过慕课平台,学生的深度学习从传统课堂中解放出来,在轻松的学习氛围中,他们获取知识的欲望将会逐渐增加,从而变成主动获取知识。学生可以在自己设定的时间内,对知识的来源与结构进行充分的了解,把握关键性知识与内容。

另外,慕课学习环境让学生的深度学习更加自由,便于学生培养自主学习能力。他们通过自主学习,有了大量的课外学习时间,从而不断拓宽自己的视野。

(四)基于深度学习的大学英语慕课教学的实施策略

1. 构建多层次的慕课课程

英语慕课教学模式冲击着传统的英语教学。从师资力量上说,传统教学的师资力量比较薄弱,导致很多课程的讲授都没有针对性。相比之下,英语慕课教学基于学生的兴趣和积极性来设置课程,这使得学生学习英语的动力明显提升,从而不断提升他们深度学习的效率与质量。

2. 采用多种教学方式展开慕课教学

虽然很多学校都在进行英语教学改革,上课方式也不再是单一的手段,但是教授方式过多倾向于知识点的讲述,即便是将多媒体手段融入其中,也多是作为课堂讲授的辅助手段,只是用传统的板书形式替代。相比之下,英语慕课教学模式更为多样化,学生即便不在学校,也能够通过网络获取知识。

3.展开多渠道考核学生的慕课学习情况

在慕课教学模式下,英语教学中设置了多渠道的考核方式。如果仅仅是传统的笔试考试或者论文写作,就很难将学生的实际能力检测出来。但是,在英语慕课教学模式下,可以进行个性化的考核,这样的考核可以将学生的积极性激发出来,从而便于开展下一阶段的学习。

二、微课教学

（一）微课教学的内涵

微课教学是指教师将微课的资源整合到课堂当中,根据学生的学习特点和学习进度,将微课资源与普通课堂相结合,从而实施教学。

微课教学的特点主要体现在以下几个方面。
（1）内容易懂。
（2）集中、强化教学技能。
（3）突出自身优势,彰显个性特点。

（二）基于深度学习的大学英语微课教学的实施策略

大学英语微课教学的组织与实施过程可分为以下三个阶段。

1.课前准备

课前准备工作主要包括对教学内容的选取、对教学目标的确定、对教学策略的制订、对教学顺序的安排及对教学器材的摆放等内容。教学内容选取一定要有明确的主题,对某一个或少数几个选定的问题集中进行说明,这样才能体现出大学英语教学的目的性、计划性,才能使教学目标发挥引领作用。

2.课中教学

（1）课程导入。微课时间较短,在有限的时间内尽可能用新颖的方法引出课题,这样才能在短时间内吸引学生的注意力,使其在接下来的时间里进行深度学习。

（2）正式进入教学活动。教学活动是主体部分，以解决一个技术问题为主线，教师的讲解要简短精练，留出让学生自主练习的时间，教师在旁边巧妙启发、积极引导。

（3）课后小结。课堂小结是对教学内容要点的归纳及整个教学的总结。课堂小结贵在"精"，要起到画龙点睛的作用，不要做不必要的总结，以免画蛇添足。

3. 课后反思

教学探究和解决问题是课后反思的基本立足点，反思的要点有两个，即教和学，通过反思来检验目标的合理性与达成情况，根据现实问题来提出解决方案与改进建议。

第四节　混合式教学模式

一、混合式教学

（一）混合式教学的内涵

混合式教学是教学信息化发展的新阶段，它体现出信息技术从教学辅助向与教学深度融合的发展轨迹。信息技术应用于教育教学最早始于计算机辅助教学，并且衍生出计算机辅助学习、计算机辅助训练等概念，以及信息化时代的网络教学平台等，这些教学应用的特点都是从属于已有的教学流程，在教学过程中所起的更多是辅助、补充和支持作用。[1]

---

[1] 何鸣皋，谢志昆. 混合式教学设计　基于MOOC（慕课）的SPOC教学改革实践[M]. 昆明：云南大学出版社，2018.

(二)混合式教学的意义

1. 有利于发挥集合优势

开展混合式教学有助于将新旧教学模式结合起来,彼此之间进行学习,展开思考,对各种教学方法进行整合和分析。这样不仅能够将教师的教学技能挖掘出来,发挥教师在教学中的主导地位,还能够以学生为中心,发挥学生的主体性。同时,教师使用先进的教学技术、教学设施等,为学生创设学习环境,从某种程度上说,这种混合式教学对教师的要求较高。

2. 有利于及时反馈

在传统的教学中,教师很难进行准确的、全面的反馈,但是在混合式教学模式下,教师可以运用一些网络平台,结合线上、线下教学环境,全面准确地了解学生,帮助学生解决深度学习中遇到的问题,从而不断提升教师的教学水平。

3. 有利于高效互动课堂的建立

传统的教学模式主要侧重于教学活动,是一种单向的转移,学生不能有效地参与到课堂之中,学生与课堂很难实现互动。教师的教学模式也比较单一,缺乏灵活性。在混合式教学模式下,教师选择先进的教学手段,目的是实现师生之间的互动,从而便于师生解决教与学的问题。

4. 有利于个性化学习

在深度学习中,学生可以根据自己的需要选择适合自己的学习方式,积极主动参与课堂,展开与教师、与其他学生之间的协作。同时,学生也有充足的时间进行课外实践。显然,这与当前的英语教学改革相符。

(三)大学英语混合式教学的实施策略

1. 具体可行的实施方案制订

由于不受时空的限制,根据线上教学的特点,任课教师可以根据学生的实际情况合理安排深度学习的内容和进度。英语深度学习就是要多说多练,但是完全依赖线上课堂而摒弃线下教学是不可取的。因此,有必要制订混合式教学模式的具体实施方案,这种混合式教学模式可以监管学生的深度学习质量,培养学生的自我管控能力,进而提升他们的英语运用能力。英语课程的学习除了基础单词识记之外,最重要的是多与人交流,反之,缺少大量互动练习,交流能力不能得到有效而快速的提升。所以,线下课堂的英语教学同等重要,师生之间、学生之间可以展开充分的交流探讨活动。学生进行线上的自主学习,遇见的问题可以在线下向教师请教。因此,合理设置混合式教学的具体时间、教学模块,使二者相辅相成,让混合式的教学模式在大学英语教学中得到完美的体现。

2. 教师信息素养能力的培养

在混合式教学模式实践过程中,大学英语教师应重塑网络教学环境下的角色,不断提高自己的信息素养,进而全面提升教学能力。目前,线上教学资源极其丰富,教师需要从海量的学习资料中选出适合的教学内容和资源,这就需要教师综合考虑课程特点、教授对象、教学条件等方面。因此,需要积极建设师资力量,通过参加培训、同行交流会等方式来提高教师混合式教学能力和信息素养。

3. 移动工具在混合式教学模式中的有效应用

有些高校师资力量不够雄厚,教学设备需要进一步完善,互联网下的移动工具为师生的英语教与学提供了一个很好的平台。除此之外,大学英语教学一般都是大班教学,学生数量较多,因此,教师对课堂秩序、学生深度学习情况的整体把握不够精准。所以在混合式教学中,教师有效应用移动工具来弥补教学环境尤为重要,在一定程度上有助于优化教学环境。课前学生通过网络、移动工具获取学习任务并经过自己的思考分析后归纳,课堂上就可以以小组、团体作品展示和讨论等形式来表达自己的观点。在混合式教学模式下，能激发学生的深度学习主动性，积极讨论，同时教师也参与了课堂秩序的管理，使教与学更为融洽。

4. 强化学生深度学习的自我监督能力

网络技术平台应用于大学英语教学已形成趋势，混合式教学模式在变革英语传统教学模式和培养学生自主学习的能力方面起到了非常积极的作用。

在课前预习板块，教师把学习视频资料通过平台发给学生，让学生先学习一遍，旨在培养学生独立自主的学习能力。在教学实践中，通过观看视频这种更为生动形象的学习方式，提高了学生对英语的学习兴趣。教师可以通过线上平台提前布置学习任务，这样学生就清楚自己的学习目的，还可以进行线上直播教学、评估测试、资源共享等互动交流活动。混合式教学模式为良好的师生互动提供了一个高效的平台。

混合式教学体现了以学生为主体的教学理念，以学生为主体，突出个性化教学。学生的深度学习不受时空、地点的限制，可以根据自己的知识水平选择适合自己的学习内容。学生在自主学习过程中，若观看教学资料时遇到困难可以停播或重播，不断进行自我反思和评价，有利于学生掌握知识点，探索适合自己的深度学习方法，也强化了学生的自我监督能力。

5. 制定科学合理的学生深度学习评价体系，优化教师教学质量考核机制

传统的英语考试模式通常是单一的书面考核，不能全面地反映学生的英语综合运用水平。在混合式教学模式中，多元化评价方式的采用，学生完成任务的进度、深度学习的时间等都会有客观准确的记录，根据这些记录，教师可以很好地掌握和评判学生的深度学习效果，及时解决学生深度学习中存在的问题。考核可以包括线上预习、单元测试、课堂讨论、作业展示、期末笔试等方面的综合考量。这些方式都能帮助教师全面考查和评定学生的学习情况和学习水平，最终的考核分数也能综合反映学生的英语能力。利用线上平台，改变课后作业类型和作业批改方式的单一性，优化教师教学质量考核机制。除此之外，教师还要创新检验深度学习效果的方式。比如教师通过组织线上课堂的讨论与交流等方式检验学生的深度学习效果，及时了解并掌握学生本周或本次深度学

习情况，给出有针对性的建议，对个别学生做明确的英语学习方向性指导，从而提高他们的深度学习能力及英语兴趣。

在混合式教学模式中，教师应注重评价体系的进一步完善，线上学习中形成的过程评价和自主学习的结果评价，二者有机结合，才能真正促进基于混合式模式的大学英语教育。英语的深度学习需要大量叠加累积，反复练习，听、说、读、写、译，每一项的提高都是基于大量的输入，所以深度学习的输入过程非常重要。深度学习结果是对学习方法和学习效率的检验，结果评价对学生的深度学习也有着积极重要的指导意义，不仅帮助学生及时发现问题，也有利于教师根据学生的具体情况做出最合适的调整。因此，教师应让学生边学边测，不断得到测试反馈，同时鼓励学生边学习边总结，对学生的深度学习起到积极的作用。

在混合式教学开展过程中，线上自主学习是教学活动中的一个重要环节，线下课堂教学也同样必不可少，二者相辅相成、相互促进。在混合式教学模式下的大学英语，以传统的课堂教学和线上教学相结合，充分体现了以"教"为主导、以"学"为主体的教学理念。总而言之，线上和线下相结合的混合式教学引领大学英语教学，为高校英语教学的发展提供了有力的保障和方向。教师只有在教学实践中不停地探索具有特色创新的教学方式，才能惠及学生、提升自身教学综合素养，进而获得更多的幸福感和成就感。

二、云班课大学英语混合式教学模式的应用

在混合式教学模式的发展下，通过云班课的知识讲述、线上的知识学习，能够进一步弥补传统教学模式中存在的不足，可以拓宽学生的知识面，使学生的个性化需求得到满足。

首先，在云班课的发展趋势下，能减轻教师的工作压力，进一步强化教师与学生之间的沟通力度，使整个课堂互动更加频繁。在云班课的开展下，教师可以不定时地对班级进行管理，以智能终端的形式展开，学生与学生之间也能够随时进行资源的共享，对自己的看法或者是疑问的地方随时进行信息发布。这些活动的开展使整个课堂的互动更加丰富、活跃，学生也能够根据自己喜欢或者是感兴趣的内容进行再次学习，通过课余时间进行强化巩固。

其次，在云班课的内容下，针对当前的教学资源进行很好的整合，可以激发学生的学习自主性，使其学习的潜能得到激发。针对云班课的授课目标来说，相对于一般的课程开展得更加具体，具有一定的针对性。在实际教学工作开展期间，教师要根据学生的课程情况进行反馈，然后通过平台的方式进行上传，学生可以根据自己的时间、地点进行多个层次的学习，这能进一步缓解课堂内容陈述的枯燥性，对学生自主学习能力的提升具有很大的帮助。

最后，通过这种课堂的模式构建，可以更好地实现因材施教的发展原则。在以往的课程内容讲解的过程中，教师并不能逐一了解学生的实际情况。通过云班课的有效辅助，教师可以通过后台的数据总结，并根据当前学生所出现的问题制订计划，有针对性地进行课堂问题的解答，让每一个学生都能够学有所获。

三、云班课大学英语混合式教学模式的实践

对于传统的课程内容讲解来说，云班课的功能更加齐全，比如签到环节、头脑风暴环节、学生的课堂答疑等。这些交流形式更加具有创新性，更加地多元化。无论是一对一的课程讲解，还是一对多或者是大班的方式，学生在整个课程学习的过程中会更加积极主动，学习的效率得到提高，这对整个教学工作的开展来说具有重要的意义和影响。以下针对课前、课中以及课后三个维度进行展开，以此更好地服务于大学的英语教学。

（一）课前准备

在大学英语课程内容讲解的过程中，对于一节高质量的课堂建构来说，课前准备工作的开展很重要。就词汇的教学来说，为了进一步强化学生的表达，教师在上课之前可以在云班课的后台上传视频，针对当前课程中所要学习的一些词汇或者是语句进行图片的上传。与此同时，提出相应的学习任务，让学生观看图片，针对一些词汇的表达含义以及表达的技巧进行学习。

在云班课的内容上传之后，通过充足的课前准备，学生能够根据自己的实际情况进行时间的选择和学习，利用课余的时间完成任务。学生在预习时，如果有疑问或者是不理解的地方，可以通过私信的形式进行反馈，教师也能够在第一时间针对学生提出的问题进行讲解。

总之，通过提前预习，学生在整个课程学习的过程中能够主动地去发现问题、解决问题，通过自身掌握知识经验和学习的技巧，完成当前的课程任务，进一步激发学生主动去学习，完成当前的学习目标。使整个课堂活动的开展更加顺利，学生在学习的过程中会更加积极主动。

（二）课堂学习

在云班课的课程内容讲解过程中，首先教师必须要重视考勤，在云班课的签到辅助下，可以在第一时间对学生进行签到以及手势签到等。考勤的结果可以自动录入学生的个人评价中，教师也能够在第一时间了解学生的上课情况。

云班课有抢答这一功能，教师可以邀请学生完成，进而使云班课的实际价值得以凸显。在课堂中也能够进行及时的互动，促使学生消化和吸收当前的课程知识。对于发言的学生来说，可以获得相应的经验值。

（三）课后布置

对于大学的英语教学来说，当有了课前准备、课堂学习之后，针对课后的任务布置这一环节，教师可以根据学生的学习情况展开。对于学习成绩一般的学生而言，教师可以适当的降低任务的难度，以此提高他们学习的自信心。对于学优生而言，教师在进行任务划分的过程中，可以适当增加任务的难度，让其在学习的过程中更加具有挑战性，以提高学习的自信心，获得学习的成就感和满足感。

四、基于深度学习的混合式教学模式的制定

目前高校的英语教学虽有众多智慧平台及完善的线下教学模式，但部分学生对于知识的学习仅停留在浅层阶段，对教师教授的知识仅进行简单的记忆分析，没有对知识进行更深层次的理解，也缺乏对知识的运用能力。因此，在深度学习理论的指导下，构建新型的混合式学习模式，能更好地培养出具有探索性、实践性和创新性的英语学习者，使学习成为建构知识和解决问题的过程。

（一）深度学习准备阶段

在制订教学方案的过程中,授课教师充分围绕教学大纲以及智慧课堂的优势,对教学方案进行优化,确保可以在课堂有限时间内开展针对性教学。课前,教师可以提前在网络平台发布相关练习,发布对应学习内容,指导学生自主学习,明确学习的难点以及重点,同时授课教师也可指导学生通过查阅网络资料或者书籍资料等方式进行课前的自主学习。

（二）深度学习阶段

首先,这一阶段教师需要利用智慧教学平台创设教学情境,激发学生深度参与大学英语课堂教学的兴趣。在教学过程中,教师通过网络平台创设直观的、生动的智慧教学情境,提高学生的学习体验,学生能够融入和沉浸于课堂学习中,促使学生在英语学习过程中能够投入更多的情感,提高学生深度学习能力。这一举措能够使课堂氛围得到智能化升级,有效激发学生深度参与的兴趣,培养学生智能和创造力,从而达到有效培养学生核心素养的目的。

其次,教师可在网络平台设置课堂实践活动,提高学生深度探究能力。在开展智慧教学实践活动过程中,教师通过创设任务情境,利用智慧课堂相关功能,设计学习情景,学生融入学习情景中,通过完成相关的英语学习任务,提高学生英语自主学习能力。学生通过模拟实际的英语对话、学术探讨和演讲等场景,提高英语实践能力,进行深度学习。

同时,结合小组互动学习模式,组织学生在智慧课堂教学模式下开展合作探究活动。通过布置不同的课题,小组查阅资料、探究课题内容等提高学生的探究能力和合作能力。智慧平台的使用能够使师生之间的交流变得更加灵活,实现线上线下无障碍交流,便于教师对学生开展实践教学指导。

(三)课后巩固与知识拓展

在课堂教学结束后,教师可以结合学生课堂学习的表现情况以及各方面知识的掌握情况为学生设计、发布作业,并线上指导学生完成拓展类作业。在借助网络平台完成对应拓展作业的过程中,学生能及时和教师进行沟通,解决学习中遇到的问题。

(四)深度学习评价阶段

教学评价属于英语教学过程中最核心环节,可以准确了解学生对各方面知识的掌握情况。在常规教学评价的过程中,主要通过集中考核的方式进行评估,无法充分体现大学生的学习特点,且未能使智慧课堂的优势在评价的过程中得到彰显。利用网络平台的教学评价功能,能够从多角度、多方向对学生的学习情况进行评价,为学生进行学习反思提供更多的数据支持。

在开展教学评价时,首先要紧密围绕教学目标,注重对学生的学习动机、学习价值进行评价,从语言能力、学习能力以及思维品质等方面进行评价。其次,可进行周次对学生的学习情况进行评价,这样能实现实时的、动态的教学评价,从而对学生的学习特点进行及时反馈,帮助学生更好地调整学习计划。根据评价结果,教师为学生制订个性化学习方案,结合学生的学情提供针对性的学习资源。此外,要充分融合各种数据指标如学生的课堂测试数据、学习时长、学习行为以及课后作业完成情况等进行综合分析和评价,实现多元化评价,真正做到以评价促发展。

深度学习评价阶段能有效地测试和分析学生的学习成绩、学习动机和学习满意度。从仅有学生的自我评价、同伴评价和教师对学生的评价,到对学习模式整体效果评价,从更科学客观的角度对新型的学习模式进行全方位的考量。

第五章

深度学习理论指导下的大学英语教学的创新内容

大学英语词汇、语法知识与听、说、读、写、译基本技能都是大学英语教学的重要组成部分,学生只有熟练掌握这些基本知识与技能,才能真正提高英语综合运用水平。本章具体分析了深度学习理论指导下大的学英语教学的创新内容。

第一节　指向深度学习的大学英语基础知识教学设计

一、指向深度学习的大学英语词汇教学设计

（一）词汇知识

词汇是英语语言技能发展的基础。特蕾西提出，掌握与运用词汇知识在揭示语言蕴含的意义和准确的语言输出中起着重要作用。她认为即使学习者处于对语言结构不了解的情况下，只要头脑中储存了足够的英语词汇，就可以通晓和表达。词汇的掌握和运用是英语学习的关键，也是英语学习的基础。在教学过程中，教师占据着主导地位。教师传授知识，学生接受知识。不同研究者对词汇教学概念有着不同认识。

理查兹对词汇含义进行解释，他认为词汇是书写或话语表达过程中最小的语言单位。他总结了词汇教学包含的八方面内容：一是扩大学习者的词汇量；二是掌握词汇的搭配形式；三是掌握词汇的功能性以及根据情境使用合适的词汇；四是掌握词汇在语言结构中的成分；五是掌握词汇的多种形式，如在词根加上前缀或后缀组成新词汇，两个或两个以上的单词构成的合成词，由一种词性转化为其他词性的词汇等派生形式；六是掌握词与其他词之间的语义网络知识；七是掌握词的语义特征；八是掌握词汇的多种词义。

（二）指向深度学习的大学英语词汇教学创新策略

1. 采用思维导图教学方法

将先进技术应用到英语教学工作，可以改变教师的教学理念，调整教学方法，使其不再受到应试教育的影响。可以发挥思维导图教学方法

的优势，让学生能够深度学习英语词汇。与其他教学方法不同的是，思维导图教学方法能够显著提高学生的创新能力和思维能力，端正学生学习态度，发现学习英语词汇的乐趣，从而增加师生互动次数，促使教师在核心素养背景下，培养高素质、高水平的学生，满足社会对人才的要求。

在英语词汇教学过程中，科学合理地应用思维导图教学方法，能够充分激发学生发散思维，弥补传统教学方法存在的弊端。例如，当学习"fruit"这一单词时，教师应将"fruit"作为教学核心内容，让学生根据自身知识水平，以及词汇量，仔细画出每个分支，不同分支代表不同的水果，之后再写出水果的颜色。通过合理利用此种教学方法，不仅能加深学生对单词的理解，还能扩大英语知识面，丰富英语词汇，掌握更多的英语单词，为后期学习打下良好的基础，促进学生全面发展。

2. 发挥交际活动的作用

如何提高教学质量成为英语词汇教学的主要难点，而发挥交际活动的作用，可以快速达到这一目标，确保教学的有效性。在实际教学过程中，教师若想显著提升学生英语能力，实现深度学习，应从听、说、读、写四个方面培养学生。基于此，应在英语词汇教学过程中，将交际活动的作用充分体现出来，改变课堂教学氛围，拉近师生之间的距离，学生可以主动向教师阐述学习中存在的问题，教师及时调整教学方案，有助于教学工作顺利进行，提高教学效果，教师也可以在规定时间内完成教学任务。

另外，教师还应调整教学方法，避免学生抵触英语学习，或者产生较大的学习压力。在英语教学过程中，交际活动是伴随着情感交流所进行的。通过积极的情感交流能够提升学生的学习兴趣与爱好，培养学生的自信心，增强学生的创新意识与合作精神，在交流过程中要让每一名学生都参与其中。教师在布置活动任务后要及时针对性格内向、不善交际的学生提供适当的帮助和指导，缓解学生的焦虑情绪。可以将不同性格、不同学习基础的学生分为一组，发挥互帮互助的组内带动作用，让学生有更加广阔的交流空间。

二、指向深度学习的大学英语语法教学设计

（一）语法知识

语法属于经验认识的理论，它是人类生活的物质和意识两方面持续辩证发展的结果。如果将语言看成是人类对经验的识解，语法就是经验识解的方式。语法虽然使意义的表达具有可能性，但是同时也对什么可以被意义化做了限定。

语法在语言中具有举足轻重的作用。语法的定义，不同的学者有不同的观点。

英国应用语言学家 H.G. 威多森将语法定义为，语法是一个规则系统，包括词汇变化规则和词汇造句规则。

美国语言学家尤尔认为，语法是一套结构体系，其分析框架包括意义、形式和用法三个方面，这三个方面是相互结合的，可以通过应用上下文语境来解释不同的语法形式和不同的语法意义。

朗曼在《应用语言学词典》中将语法定义为，语法是对语言单位（词汇、词组等）组成句子所遵循方式的一种描述，这种描述往往包括各个语言系统下的含义和功能。

（二）指向深度学习的大学英语语法教学创新策略

1. 设计教学游戏，激发学习兴趣

在英语语法教学活动中，设计教学游戏是激发学生学习兴趣、培养学生学科爱好、集中学生注意力的有效策略之一。兴趣是最好的教师，在教学过程中，教师应以兴趣培养为主，在学生情绪饱满的状态下渗透语法知识。

设计教学游戏可以从课前情境导入、课堂巩固记忆和课后开放式游戏三方面入手。教师可以在讲课前根据课堂教学内容情境创设简单易操作的小游戏，如，趣味问答、谜语等，既不占用大量时间，又能快速将话题引入学习内容中。教师可以在课堂上插入知识巩固游戏，在讲解相关学习内容后进入游戏环节，利用游戏规则让学生集中注意力聆听他人

重复本课句式、语法词汇或自己反复朗读。学生通过游戏能强化书本重点内容,形成牢固的记忆点。在游戏情境中,学生的情绪较为积极,记忆速度、学习效率均有所提升。就课后开放式游戏来说,教师可以将课堂上的游戏延续到课下,请学生改变游戏规则,不限制游戏人数,让学生利用课余时间积极参与英语游戏,在游戏中巩固知识。

2. 利用信息技术,深化知识理解

在英语语法教学活动中,利用信息技术辅助课堂,是深化学生对知识的理解、丰富课堂体验的有效策略之一。利用信息技术深化知识理解,可以从制作微课视频、播放精美课件、创设图片情境、营造音乐氛围等方面入手。

就制作微课视频来说,教师可以在课前准备微课视频,利用视频深化学生对单一知识点的理解,达到辅助课堂教学、深化学生学习体会的教育目的。就播放精美课件来说,教师可以利用课件的讲解进度、推进课堂进程,把握教学环节。就创设图片情境来说,教师可以在讲解的同时在屏幕上播放相关的插图,辅助学生理解。就营造音乐氛围来说,教师可以寻找与课堂内容相关的乐曲或背景音乐,带领学生进行演唱。

3. 布置专题训练,巩固知识记忆

在英语语法教学活动中,布置专题训练是帮助学生查漏补缺、检验学习成果、巩固知识记忆的有效策略之一。布置专题训练可以从预习题目、课堂作业、课后专题训练和复习专题训练四方面入手。

就预习题目来说,教师可以在预习环节给学生布置简单的任务,请学生尝试回答并将答案带入课堂,在听课过程中检验自己的答案是否正确,以此设置课堂疑问环节,调动学生的学习兴趣。

就课堂作业来说,教师可以在完成课堂教学内容后为学生布置当堂检验作业,并总结学生常错题目进行重复教学,提升课堂学习效率。

就课后专题训练来说,教师可以设计多套针对不同考点、不同题型的专题训练,根据学生的个人作业完成情况布置适当的课后作业,巩固基础知识。

就复习专题训练来说,教师可以定期为学生布置复习专题训练,将考点进行融合,以此提升学生的综合学习能力,巩固知识记忆。

4. 创造交流情境,强化语言能力

在英语语法教学活动中,创造交流情境是培养学生综合表达能力、强化语言能力的有效策略之一。语言能力可以概括为口语表达能力和书面表达能力。就口语表达能力来说,教师可以通过小组对话、接龙对话、情境创设、角色扮演等方式锻炼学生的口语表达能力,检验学生的语法掌握程度。教师可以将学生分成若干小组,请各小组轮流进行对话,巩固知识记忆,培养英语语感,此活动可以集中锻炼学生的复述能力。教师可以请学生进行对话接龙,设计造句规则,即兴发挥,在不违反语法规则的情况下畅所欲言,将对话以接龙的形式传递下去。此活动可以集中锻炼学生的造句能力。教师可以创设课文情境,请学生扮演课文中的角色,进行即兴表演,用英文进行对话,融合表演元素,适当夸张语气,活跃课堂氛围。此活动主要锻炼学生的临场发挥能力。在教师的引导下,学生的各项口语表达能力得到充分的锻炼。就书面表达能力来说,教师可以为学生布置填补对话式题目或开放式作文题目,观察学生的语言组织能力和词句应用能力,全面掌握学生语法学习情况。

5. 聚焦文化,开展语法教学

聚焦文化的英语语法教学,不仅能使学生习得相关语法,而且可以使学生在拓展文化知识、对比文化差异、理解文化内涵的过程中,提升跨文化交际能力与传播中华文化的能力。在实际教学中,教师应找准语言教学和文化意义培养的结合点,采取导入、渗透、比较等灵活多样的方法施教。具体而言,聚焦文化意识培养的语法教学可以从以下三个方面着手。

一是认真研读教材内容,确定教学主线。教材只是载体,教师要树立用教材教而不是教教材的基本理念。对于学生不熟悉的教材编排内容(如文化知识),教师可以把其作为暗线,引导学生通过比较、体验、赏析、应用所学语法知识获得文化知识、理解文化内涵。

二是用心搜集教学素材,设计综合活动。"灌输式"的语法教学和"强加式"的文化知识传授容易使学生产生畏难情绪。这就要求教师采用一系列具有综合性、关联性和实践性的英语学习活动,引导学生观察、发现、总结、归纳语法规则和意义,进而使用所学语法知识来表达思想、传递意义,树立并坚定中华文化自信。

三是重视创设教学情境,实施即时评价。教师要改变碎片化的,脱离语境教授语法的教学方式,有目的地创设具有文化氛围的教学场域,引导学生在体验中学习、思考相关语法知识,学会用得体的语言传递信息、表达情感或观点,并通过自评、互评等即时评价,有效传播和弘扬中华文化。

第二节　指向深度学习的大学英语基本技能教学设计

一、指向深度学习的大学英语听力教学设计

（一）听力技能

随着听力的作用逐渐凸显,很多应用语言学家提出听力是语言学的重要手段,并且开始了对听力的研究。

听力理解就是利用大脑中已有知识,对听力材料进行正确的理解,是一个从语音信号识别到语义构建的复杂过程。

在听、说、读、写这四项技能中,听往往被认为是接受性的一项技能,但并不能说听就是一个被动的过程,而应该认为听是一项非常主动的活动,是一个积极地处理信息的过程。根据心理语言学的研究,听的过程与人的记忆力关系非常密切。人的记忆力（图5-1）划分为三种,即感知记忆、短时记忆和长时记忆,三者所承担的任务不同,构成一个完整地对信息加以处理的系统。

人的记忆力 → 感知记忆 → 短时记忆 → 长时记忆

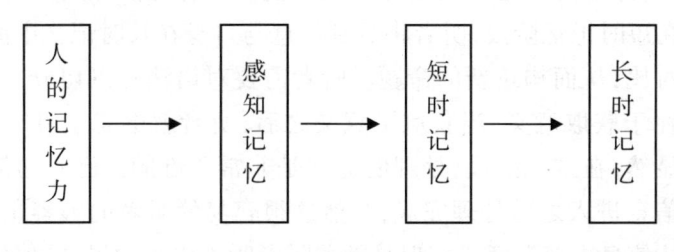

图5-1　记忆的过程[①]

[①] 崔刚,罗立胜.英语教学理论与实践[M].北京:对外经济贸易大学出版社,2006.

外部的信息经过人类的感官，会保持一个较短的时间，这就是感知记忆，是瞬时的，指的是外部刺激以一个非常短的时间呈现之后，一些信息会通过感觉器官输入并登记在大脑中，形成瞬时的记忆。显然，这是信息加工的第一阶段。

短时记忆指的是信息呈现之后，保持一秒钟时间的记忆。其与感知记忆不同，感知记忆中的信息并未进行加工，是一种不被意识到的记忆，但是短时记忆是经过加工的，是一种活动的记忆。人们短时间记住某件事，是为了加工这件事情，但是加工之后很容易会遗忘。如果需要对这件事进行长期保持，就需要对其进行加工编码，然后存储到长时记忆中。短时记忆中的信息有些是来自感知记忆的，有些是来自长时记忆的。因为人们需要某些知识的时候，往往会从长时记忆中进行提取，这样提取的信息就成了短时记忆，便于人们运用。

长时记忆指的是学习的材料经过复述或者复习之后，在头脑中进行长久存储的一种记忆。可以说，长时记忆是一个信息库，其中的容量是无限的，可以将一个人对于世界的认识存储起来，并为其活动提供基础和依据。信息从短时记忆向长时记忆转化，需要对信息进行加工。所谓加工，即对材料进行整合，将新的材料纳入自身的知识系统中，当然这需要对信息进行组织编码。

根据三种记忆的阶段，听的心理机制可以归纳为三点。

第一阶段，声音通过人的感觉器官进行感觉记忆，并根据自身已有的知识，将这些信息转向有意义的单位。在感知记忆中，信息存储的时间非常短，听者需要把握时间对这些信息加以整理。我们在听母语的时候，这种感知记忆是非常容易实现的，但是如果听的是英语，那么就会出现一系列问题，甚至很多时候人们还没处理完信息，又增加了新的信息，导致没听懂。

第二阶段，信息处理在短时记忆中实现，当然这一过程也是非常短暂的。在短时记忆阶段，听者将听到信息与自身在长时记忆中的存储信息进行对比，从而构筑新的命题。听者需要对语法加以切分，当然切分的目的在于获取意义，当获取了意义之后，听者就会忘了具体的词汇、语句。显然，在这一阶段，处理的速度是非常关键的。已有的信息必须在新的信息进入之前处理完成，当然这很容易使听者的脑容量超载，甚至无法从信息中获取意义。但是随着听者听力水平的提高，他们具备了一定的知识储备，那么对信息的处理能力也会提高，从而能够留出更多的时间处理那些较困难的信息。

第三阶段，听者会将所获取的信息转向长时记忆中进行存储，并与自身的信息紧密联系起来，从而对命题的意义进行确立。如果新输入的信息与自身的已知信息能够匹配，那么就说明这些新信息容易理解。在这一阶段，如果形成的命题与长时记忆中的固有信息紧密联系的时候，大脑往往会通过积极思维展开分析与归纳，这些信息连贯起来，构筑新的意义，最后储存在长时记忆中。

（二）指向深度学习的大学英语听力教学创新策略

1. 利用听、说教学，实现听、说训练的整体性

在英语听、说课教学中，教师要把握听、说的特点、规律，以点带面。听力是听、说学习中重要的一个环节，对于英语听、说学习的指导意义也非常大。学生在进行听力训练时如果只注重听力训练的结果，而忽略了语言的学习过程和规律等方面，这样就会导致学生对语言的认知与理解上出现偏差。对于学生而言，听的能力是在一定背景下建立起来的。

教师在进行听、说教学时，应该把学生当作一个整体来看待，在听力教学中，可以将一些语言特点与学生的生活经验联系起来，从而提高学生听、说能力；可以通过不同文体的语言提高学生对不同文体语言特点和表达方式的了解；可以采用游戏等方式提高学生的学习兴趣；可以通过一些生活中常用单词、句子以及各种句子之间的联系，帮助学生更好地掌握一些英语词汇、语法知识。要想实现良好的英语听、说教学效果，就必须对听与说能力进行整体性训练。

2. 创设情境，让学生对所学内容有兴趣

对语言知识的学习与应用过程，是一种在学生头脑中形成知识表象的学习过程。所以，学生的学习兴趣、好奇心和求知欲也是教师创设情境进行教学设计的重要因素。在英语听、说课上引入情境元素，教师可以播放一段歌曲、一个小故事或者是一段文字等方式，让学生在课堂上与同伴进行交流。这样不仅可以让学生在一定程度上了解国外文化，还能进一步激发学生英语学习的自信心和好奇心。另外，教师在使用创设情境元素时，还要注意把握创设情境元素与教材内容之间的关系。

3. 基于学生实际，采用灵活多样的听、说训练手段

在组织学生进行听、说训练时，要注意联系学生实际，根据学生身心特点，设计多种多样的训练手段，主要基于丰富多彩的课堂活动来开展训练，让学生有参与的热情和兴趣。

要注意根据学生的学习特点和兴趣来选择教学内容，采取灵活多样、生动活泼的教学方法，引导学生用英语表达思想，用英语进行交流。英语学习中应以听、说为基础，以听为主，在听、说中提高理解能力和综合运用英语语言的能力。阶段学习英语的目的是交流，因此教师在教学前要先了解学生的学习方式，以便于在课堂上创设良好环境，创造机会让学生参与到课堂教学活动中来。例如，在讲授语法的过程中，教师可通过语言现象激发学生的学习兴趣。教师要用不同的方法启发学生观察、思考，使其产生求知欲。教师还应为学生提供听、说的机会。在英语听、说课教学中，教师要注意充分利用教材丰富的语言材料来激发学生兴趣，鼓励学生运用英语进行交流与讨论，指导学生使用基本交际词汇，引导学生朗读课文，教给学生简单的记忆方法，如"重复记忆法""比较记忆法"和"联想记忆法"等。

4. 建立有效评价体系，让听与说相互促进

在英语听、说教学中，教师要重视学生听与说的相互促进作用，并且要对学生进行评价。由于学生的听、说水平参差不齐，在具体测评时也不能统一进行。例如，教师在上完一节课后需要对学生的表达能力和学习态度等方面进行评价，可以将这些内容分为三个部分：第一部分是语言知识类问题（检查学生对词义、句型、时态和句型的掌握情况），第二部分是语言技能类问题（检查学生单词拼写、语法和句型等方面掌握情况），第三部分是思维品质类问题（检查学生对于文章内容的理解、分析和判断）。

在听、说训练结束后，教师需要组织一次课堂检测，通过一些有针对性的练习，进行各个部分的测试综合评价。此外，教师还需要为学生提供机会，让他们在课下与其他班学生互动交流。同时还可以对学生提出一些英语学习方面的问题或建议，从而提高他们听与说的能力。

二、指向深度学习的大学英语口语教学设计

（一）口语技能

18世纪，关于语言的研究主要在于如何对语法进行使用。在这一时期，出现了语法翻译法，并在18世纪末期盛行，这一方法是用母语来讲述英语的一种方法，在英语教学中，这一方法有着极大的影响力。虽然人们对于口语有很大的兴趣，但是对当时的教育影响不大。

19世纪，随着语言教学的推进，口语理论也发生了巨大改变，这一改变尤其体现在欧洲使用的语法翻译法被改革运动取代。改革运动的精髓主要包含如下几个层面。

（1）口语占据第一位，口语教学法在课堂上绝对优先。
（2）把围绕主题的语篇作为教学的核心。

在这一时期，出现了自然法、谈话法、直接法、交际法等教学方法。到了20世纪50年代，情境教学法在法国兴起，并先后流传于其他国家。随着录音技术的进步以及彩色出版物的出现，以语言作为媒介推进语言学习成为焦点。虽然口语被运用到自然的教学中，但实际形式并不是展开自然的交流。因为要练习语法结构，必然对口语交流进行限制，因此20世纪初期的口语教学实际上是自相矛盾的。

20世纪70年代，英语教学受到了认知理论和社会语言学理论的影响。很多语言学家也逐渐认识到，听、说法忽略了语言交际的两个层面，即过分重视语言的结构形式，却忽视语言的内容与意义。

受到20世纪60年代乔姆斯基著作的影响并伴随着20世纪七八十年代"交际法"的不断壮大，语言教学领域朝着两个方面分化，这两方面都对口语形式产生了一定的影响。

（二）指向深度学习的大学英语口语教学创新策略

1. 充分应用跨文化交际策略开展英语口语教学

（1）组织学生开展自主探索与总结。

在英语口语教学中，学生是学习掌握跨文化交际策略的主体。为此，

教师需要尊重学生的主体地位,充分发挥学生在跨文化交际能力建构工作中的主观能动性。具体而言,在组织学生开展自主探索与总结的过程中,教师需要做好两个方面的工作:一方面,教师需要引导学生开展分组,并在此过程中合理控制学生开展口语表达与交际的规模;另一方面,教师需要做好教学任务设计工作,促使学生有目标、有针对性地开展口语表达与交际以及跨文化交际策略的探索与总结工作。另外,教师有必要根据学生所具有的英语口语表达能力以及跨文化交际能力,合理设计学生自主探索与总结工作的难度。如当学生具备较高的英语素养时,教师可以要求学生以小组为单位使用英语开展交际实践,还可以要求学生使用英语开展组内探讨工作,这对于进一步深化学生对跨文化交际策略的认知与掌握具有重要意义。

(2)依托情景渗透跨文化交际策略。

这种跨文化交际策略应用方式能够有效缓解学生在掌握跨文化交际策略过程中的焦虑情绪,提升学生在英语口语训练过程中的兴趣与参与度。由此可见,教师应重视情境教学法在跨文化交际策略应用过程中所具有的作用与优势,并重视对教学情景进行持续的优化。如在对教学情景进行预设的过程中,教师可以使用多媒体等方式,对情景信息进行呈现,从而融入教学情景当中。

2. 把握英语口语课程主题,实施针对性教学

英语口语的主题类型多种多样,除日常交谈口语外,还有口语交际、演讲口语等课程,同时也会因交际对象和使用场合的不同而发生变化。

(1)口语交际课程。

日常生活中的口语交际是人们口语表达能力最直接的体现。语言交际能力既包括语言能力,又包括语言运用。海姆斯曾指出交际能力的四个特征[1]:能够辨别、组织合乎语法的句子,在不同的语境中能够使用恰当的语言,能够正确判断语言形式的可接受性,了解语言是否在现实中常用。

口语交际课程的特点是教给学生能在真实生活中使用的语言,教学目的是提高学生运用英语进行交际的能力,能够用英语正确表达出自身

---

[1] 张蔚.交际法与英语专业基础阶段的口语教学[J].英语教学,2001,(2):91.

的思想和感情。口语交际课程中的教学以达意为主,追求有效的交际功能。学生在交际课程中要保证语言的流畅性和可接受性,不过分追求精确性。口语交际课程的活动形式多种多样,下面介绍几种主要的教学形式。

①两人活动。两人活动在交际课程中具有简便快捷、效率高的特点。教师在两人活动中是监督者,不随意打断学生的对话,不在发表自己的意见,同时注意学生在交谈中所出现的发音、语法错误,并在对话活动结束后及时指出。

②角色扮演。语言学习不能脱离情境而存在。将情境融入口语交际课程中,有利于激活口语课堂教学,提高口语教学效率。在课堂教学中创设真实的语言环境,引导和培养学生英语思维和运用英语进行交际的能力。具体到口语交际课程中,学生在模拟的情境中进行角色扮演,将自身的感悟以模拟的方式表达出来,能够加深对口语表达的认识。

③话题讨论。讨论的形式能够有效锻炼学生的口语表达能力,因为在讨论的过程中要使对方接受自己的观点,必须运用恰当的句型、语态等,才能使讨论最终达成一致意见。此外,学生在对感兴趣的话题进行讨论时,往往积极踊跃发言。

(2)口语演讲课程。

培养学生口语演讲的能力是适应现代社会对高素质人才的需要。演讲如今已成为人们生活、工作和学习的一部分,在产品发布、工作汇报、成果展示、会议发言、商务谈判、毕业论文展示时都需要良好的口语表达能力。演讲课具有悠久的历史和文化,其源头可追溯到古希腊时期。演讲课将语言操练和语境教学相结合,不仅能培养学生日常英语会话的能力,还能锻炼其在重要场合表达思想、阐述观点的能力。因此,开设口语演讲课程具有重要的意义。

口语演讲课程突破了以往口语教学单纯语言训练的模式,对学生的思维过程和语言输出过程给予了指导,训练其运用论据有效推理,准确组织观点的能力,在表达思想的同时有意识地与听众进行互动和沟通,增强语言的说服力和感染力。口语演讲课程的教学目标是培养学生在真实语境中的交际能力,成为优秀的交流者,注重在交际过程中能力的培养,除演讲技能,如收集论据、组织材料、整合语言等外,还涉及心理素质的培养,如临危不惧、快速判断、自信心的建立等。

三、指向深度学习的大学英语阅读教学设计

（一）阅读技能

在学生学习英语时，阅读是必须要掌握的一项技能，也是对学生英语水平进行衡量的一项重要指标。通过阅读，学生可以获得丰富的信息，拥有丰富的体验，感受语言带给自己的文化魅力。但是，阅读并不是简单地接收信息的过程，还是一种复杂的交际与思维活动，其不仅受到语言能力的影响，还受到文化因素的影响。因此，在阅读教学中，只有重视对文化内容的教授，并将跨文化内容融入英语阅读实践中，才能真正提升学生的阅读理解与应用能力。

（二）指向深度学习的大学英语阅读教学创新策略

1. 合理应用探究问题，引导学生深度学习

问题是引发人思考的契机，还是教师与学生之间进行互动交流的有效载体。在对学生进行英语阅读教学的过程中，教师会选择合理应用一些探究问题对学生进行检验，检验的内容无非就是学生对词汇和阅读内容的理解和掌握程度。反之，学生也会在特定情形下向教师提出问题，或是表达自己对阅读文章的想法、疑惑或者感受，一来一回之间，学生通过与教师一起对问题进行分析、研究和解决，更好地掌握所学内容，提高自身的英语阅读能力。深度学习理念下的英语阅读教学，应在原有的教学基础上赋予问题新的应用功能，引导学生展开深度学习。根据教材内容，结合学生当前的实际学习情况和需求，在备课阶段就设计好相应的探究性问题，等到上课时再提出问题，将有助于提高学生的求知欲。

2. 优化合作，促进学生深度学习

合作教学这一模式如今正式进入英语阅读课堂中，给传统的英语阅读课堂带来了生机和活力，科学合理地使用这一教学方法，不仅能优化英语阅读课堂的合作活动，还能促进学生发展。在实际教学过程中，教

师可以根据教材内容设定有针对性的合作主题,再组织学生围绕合作主题以小组为单位进行合作学习,让学生在与同学的交流讨论中,深入英语阅读文本当中去学习,将有助于学生对文本内容的理解和掌握,进而有效提高课堂阅读效果。

例如,小组内一对一对话问答既能有效增加阅读课堂的活力,活跃课堂学习的氛围,又能让学生在这样的学习环境和氛围下,将自身的学习主观能动性发挥出来。一旦学生的学习主观能动性得到发挥,课堂教学的效率和质量也能得到提高。选择这种课堂教学模式,让学生以合作的形式自主展开课堂讨论和对话,教师只需要做好辅助工作即可,比如在学生发音不准确和使用句型有问题的时候及时地进行指导和帮助。既能在一定程度上减轻教师的教学压力,又能让学生积极主动地学习。

3. 创设真实的教学情境,强化教学演示

英语教师不仅要在课堂上将英语阅读理解基础知识进行充分且详细的讲解,还需要注重学生知识形成的过程,引导学生积极主动地去发现、感受、探索,如此学生对知识的学习和认知将会得到深化。目前高校使用的英语教材都会安排一些与学生现实生活相关的阅读内容,因此教师可以借助多媒体教学设备和信息技术教学手段,联系课文内容和学生的实际生活去创设真实的教学情境。在强化课堂教学演示、提高学生学习兴趣的同时,还能让学生直观地看到文章所描述的场景,促进学生知识迁移能力,有助于学生了解和掌握文章的主题及其内容。

四、指向深度学习的大学英语写作教学设计

(一)写作技能

英语写作的学习和训练是一个系统工程,需要多方面的配合才能保质保量地完成。学生的英语基础参差不齐,教师在课时的分配上应有所放宽。由于课时少,要讲授的内容多,为了完成教学任务,有些教师往往顾不上学生英语底子差、知识匮乏的现状,加快教学节奏,必要的训练也得不到保证,更没时间及时了解学生对知识的掌握程度,这样势必会影响教学质量。因而各院系在排课时应该要考虑课时分配的合理性,保证教师能保质保量地完成教学任务,使学生学习的系统性增强,知识掌握得更牢。这是提高教学质量的有效保证。

(二)指向深度学习的大学英语写作教学创新策略

1. 拓展阅读范围,提高学生的写作能力

在大学英语写作教学中渗透我国优秀传统文化,一方面能丰富学生的英文写作素材,另一方面能提升学生的文字表达能力。教师进行优秀传统文化渗透,不仅可以在课堂教学中进行,还可以拓展学生的阅读范围,进一步提高学生的写作能力。当然,教师在鼓励学生进行课外阅读时,可以帮助学生筛选一些符合学生当前学习特点的,含有优秀传统文化内容的书籍。

另外,教师可以鼓励学生在课外看一些英文版的介绍我国优秀传统文化的资料等,或者可以鼓励学生在课后观看介绍我国优秀传统文化的节目,如《朗读者》《中国诗词大会》等,让学生在观看过程中,对我国的优秀传统文化有深入的了解,在优秀传统文化的感染下,逐渐生出对民族文化的认同感和自豪感。通过扩大学生的阅读范围,进一步丰富学生的英文写作内容,提升学生的英文写作能力。

2. 巧设写作题材

对学生而言,学习英语的目的不仅是为了在考试中取得高分,还为了在未来的工作中能够进行中外文化交流,使这门语言真正发挥作用。当然,对大学英语教师来说,提升学生的英语核心素养成为新的教学目标,"教书"和"育人"要双管齐下,方能促进学生全方面发展。在大学英语写作教学中渗透我国优秀传统文化,既是时代发展的必然要求,又是教师教书育人的任务使然。因此,在英语写作教学中,教师要勇于打破传统,在借鉴历年来写作题材类型的同时,对优秀传统文化进行渗透,让学生在写作中加强对我国优秀传统文化的认识,提高英语写作能力。

第三节　指向深度学习的大学英语跨文化交际教学设计

一、设计文化主题活动，引导学生在文化熏陶中探究思考

教师应该勇于尝试新的教学模式，真正落实"以学生为中心"，发挥学生的主观能动性。英语教师应该挣脱教材的束缚，将各种线上资源与线下教学相结合，突破时空的限制，根据学生的年龄与特点巧妙地运用各种教学方式丰富学习环境，探索与开展各种文化主题活动，创设真实的文化交际活动，引导学生在文化熏陶中探究思考。

二、第一课堂与第二课堂有机结合，积极开展文化实践活动

大学英语教学的课堂是第一课堂，是学生接收信息、训练语言技能的基础，也是教师培养学生跨文化意识和交际能力，传授中华优秀传统文化的主要阵地。各种文化实践活动、特色选修课、慕课平台则为第二英语课堂，可以进一步加深学生对中华优秀传统文化的理解，拓宽学生的视野。在第一课堂中，教师应积极准备授课内容，加强文化知识与语言知识的结合，而不是单纯地输入文化内容。另外，教师可以积极引导学生进行中西方文化的对比，培养学生的辩证思维，尊重文化的差异。例如，教师可以设置教学情境，让学生从字词句、对话、语篇中发现中西方文化差异，学生也可以分析、讨论这些差异。教师应鼓励学生积极参与各种交流活动，自己搜集相关资料，深入讨论文化内涵，辩证看待文化差异，既可以加深对本国文化的理解，也可以学习优秀的外国文化。大学英语教学不仅要在课上积极融入文化元素，课后也可以积极开展各种实践活动、选修课等。将第一课堂与第二课堂相结合，可以尝试改变传统的教学模式，增加学生的学习兴趣。例如，以衢州为例，衢州有着丰富的文化旅游资源，是南孔圣地，围棋发源地、有着神秘的地下建筑龙游石窟和 5A 级景区江郎山。学校可以组织学生到孔庙等地进行实践

活动,开展用英语介绍孔庙、介绍围棋等内容,对学生在第一课堂学习到的语言及文化知识进行输出性训练,学生也可以积极参加各种志愿活动,向外国友人介绍我国的文化。

第六章

深度学习理论指导下的大学英语教师与评价

基于深度学习理论,大学英语教师需要进行专业培训,提升自身的教学能力,学习新知识、新技术,让自己不掉队,在教学过程中做到游刃有余,培养更多适合社会发展的高素质人才。另外,教学评价也是教学体系中不可或缺的一环。本章重点研究深度学习理论指导下的大学英语教师与评价。

第一节 促进深度学习的大学英语教师专业化发展

教师专业发展的意义是重大的。在社会的改革与发展过程中,教师的作用不容忽视。只有教师自身的专业水平得到提升,才能培养社会所需要的各方面人才。教师专业水平的提升离不开教师专业发展的实践。

一、教师专业发展的概念

想要获得教师专业发展的本质认识,还需要厘清教师专业发展与教师专业化、教师专业素养的结构,教师专业发展的主动性等基础性问题。

第一,教师专业发展与教师专业化。教师是一门古老的社会职业,但职业不能等同于专业,因受教师职业的特殊性等因素的影响,其专业性地位曾受到多方质疑或争议。由此,20世纪60年代开始,在要求大力提升教师素养的背景下,欧美国家兴起了争取教师专业地位及相应权利和教师专业能力的教师专业化运动,但在运动中由于片面追求教师群体的专业地位及权利却忽视了教师个体关键的教育实践能力的发展,从而导致活动在20世纪80年代前,并未取得实质性进展。20世纪80年代后,各国在加强教育改革中,充分认识到教师在改革中的关键作用,从而对以前忽视教师个体专业发展的做法进行批评和反思,促使教师专业化的目标重心从专业地位与权利的诉求转移到教师专业发展之上,成为教师专业化的方向和主题。随着促进教师专业发展的各种活动的开展,人们越来越认识到,提升教师专业地位的有效途径是加强教师教育,促进教师专业发展,只有不断提高教师的专业水平,才能使教师成为一种受人尊敬和社会较高地位的职业。总之,教师专业发展来自争取教师专业地位运动的经验总结,并成为人们所认可的实现教师专业地位的有效途径。

第二，教师专业素养结构。教师专业发展应朝向哪些内容和目标？如何评价教师专业发展的效果？如要解决这些问题，必须清楚教师专业素养的结构问题。关于教师的专业素养内容，众多学者对其进行了研究，比较具有代表性的如下：叶澜的专业理念、知识结构、能力结构，[①]曾荣光的专业知识、服务理想，[②]申继亮、辛涛的职业理想、知识水平、教育观念、自我监控能力、教学行为与策略[③]。总之，以上的研究表明：作为一名优秀的教师应具备多方面的专业素养，概括起来主要包括三个方面：专业知识、专业技能和专业情意。

第三，教师专业发展的主动性。已有研究中发现关于教师专业发展的概念，都忽视了教师发展意愿的问题，把教师主动发展作为预设前提。但现实中教师的存在方式是多元化的，主要有"生存型""享受型""发展型"。其中，生存型的教师面对生活的各种压力，是否有强烈的意愿关注自身的专业发展呢？由此，在涉及教师专业发展的概念界定时，需要特别注意教师现实的生存方式与生活环境的前置条件，调动发展的主动性。

二、教师专业发展的特点

（一）专业自律：共同发展，专业分享

教师这一职业在专业发展上容易陷入单打独斗的境地。教师如果缺乏融入专业集体的自律态度，就易于造成其专业发展中缺少互动对话、分享以及反思，其专业发展中经常充斥着无力感、无意义感。教师专业共同体的建设是促进教师专业自律的有效途径，能够在促进其专业发展中发挥作用。

[①] 叶澜.新世纪教师素养研究[J].教育研究与实验，1998（1）.
[②] 曾荣光.教学专业与教师专业化：一个社会学的阐释[J].香港中文大学教育学报，1984（1）.
[③] 申继亮，辛涛.教师素质论纲[M].北京：华艺出版社，1999：30.

1. 自觉寻求专业发展中的资源共享

教师这一职业的专业发展比其他任何职业更明显地需要对话和分享。每位教师作为一个独立、独特的个体,都在其独有的学习和工作经历中形成了具有鲜明特色的知识及经验结构。同一门课程的教师,同一个专业研究方向的不同教师,其在教学内容设置、教学方式方法以及科研思路等方面的表现也不尽相同,即使是执教同一学科的教师对教学内容的处理、教学方法的选择、教学情境的创设等方面也可以说尽显个人风采。可以说,教师专业共同体中成员的多样性和差异性本身就是一种重要的学习资源。专业共同体系中的资源互补,有利于教师完善其专业能力,促进专业反思。一种互信、互相开放式的交互主体性,促进教师之间的交流互助,这对于教师来说是宝贵的成长资源。专业共同体的深入发展会为教师的专业发展提供良好的资源平台,也会对教师的专业发展产生足够的吸引力,进而促进其自觉寻求更多的资源以满足其自身发展需求。

2. 专业知识结构深化和完善

受到建构主义理论的知识观和学习观影响,对话、协商和分享在个体知识学习和经验成长中扮演着极其重要的角色。教师能够通过互助式的伙伴关系自觉寻求支持与引导,深化和完善自己的专业知识结构。

3. 专业知识与经验分享

在教师专业共同体中,教师获得了与经验教师和专家型教师进行互动的机会。多种渠道和互动方式促进了彼此分享各自的想法、观点和信念进而丰富了教师的知识经验体系。教师专业共同体的建立会让教师在这种互惠互利的氛围中坚定其专业发展决心。

4. 促进教师进行专业反思

教师专业共同体可以通过对话让各种想法和观点进行自由地交流。对话可以让教师以更全面的视角来审视问题。通过对话,教师还可以对自己的观点进行反思,完善理解。教师专业共同体中丰富的对话使教师有机会对个人观点、信念和假设进行反思和修正,在持续的自我更新中形成一种自觉反思式的专业发展。

(二)道德自律：自我反思

教师工作是一种特殊的专业劳动,赫尔巴特很早就指出了教学活动中的教育性。没有任何一项社会活动能像教育这样和人的道德活动紧密相关。教师的道德自律是指教师能够严格按照职业道德要求,对自身职业形成良好的自我调控,并能自觉履行相应职责。教师的道德自律发起于学校各项规章制度和社会诉求,形成于教学生活中,完善于深入理解教育之后。道德自律一旦形成,就会成为教师自我行为的一种指导原则,影响着教师的教育教学活动和自我成长。在专业共同体的建设中应该注意给教师提供自我学习、自我锻炼的机会,使教师有机会通过与有经验同伴进行经验分享,不断自我反思进而将外在规约内化为自主诉求,构建道德自律。教师道德自律的形成有赖于教师正确认识自我,以及自我与环境之间的关系；有赖于对自我责任、义务的正确认识；有赖于对自我优缺点、自我修养的正确认识。在专业共同体的框架下,教师通过不断地自我反思,以及直接经验和间接经验的获得逐步正确评价、发展自我,形成正确的道德自律。

三、促进深度学习的大学英语教师专业素质要求

(一)专业道德素质

1. 专业精神

大学英语教师在教育教学活动中的价值取向和追求即为其专业精神。大学英语教师的专业精神直接影响着自身的行为及其结果。为此,它要求大学英语教师具备高度的教育责任感,将教育作为自己神圣的职责,如精益求精的工作态度；甘为人梯的服务精神；清晰有效的反思意识,不断实现自我超越；拥有坚定不移的专业信念。

2. 专业自律

大学英语教师要表现出一定的"角色敬畏"。大学英语教师的角色意味着其所承担的道德责任和义务，而通过"角色敬畏"，大学英语教师在教育教学活动中"有所为有所不为"，体现道德责任感和道德使命感。大学英语教师的专业自律还要求其体现一定的"教育良心"，使大学英语教师对自己的教育教学行为进行自主控制与调节。

（二）专业知识素质

大学英语教师应该不断积累自身的实践性知识，重视教育经验反思，培养教育情境敏感性，倡导教育叙事研究，关切教育情感体验。只有这样，大学英语教师才能全身心地投入到教学中，不断实现自身的发展和提高。

（三）专业能力素质

大学英语教师需要重视以下几个方面的能力素质提升。

第一，具备敏锐细致的观察力。通过观察更好地把握学生的心态，对学生做出更加客观的判断，能够进行有针对性的教学。

第二，具备准确清晰的记忆力。不仅对有关教育教学的知识有良好的记忆，对全班学生的各种情况也要有准确的记忆。

第三，具备一定的自我调控能力，使自身保持良好的情绪心理状态，用理智支配自己的情感，做到语言、行为合情理、有分寸。

第四，具备较强的创造能力，大学英语教师在借鉴前人发展先进经验的基础上，大胆进行工作方法改进，从中发现新的规律、新的观点和具有创造性的教育教学方法。

（四）专业心理素质

大学英语教师需要重视以下几个方面的专业心理素质提升。

第一，发展自身的人格心理素质，包括端正自身的需要与动机，培养良好的性格，提高自我调控能力等。

第二,发展自身的文化心理素质,要善于运用一定的方法和策略学习新知识和新技能,通过学习提高自身的实践创新能力。大学英语教师还要努力提高自身的文化素质,完善自身的个性和人格心理品质。

第三,发展自身的社会心理素质,认识到自身角色的多样性,建立良好的人际关系,具备良好的交往心理素质。

（五）专业人格素质

一个人的人格能够很客观地反映出其整体心理面貌。大学英语教师的人格形象能够体现出其在教育教学活动中的整体心理面貌和心理特征。具体来说,大学英语教师的专业人格包括教师对学生的态度以及教师自身的气质、兴趣等方面。大学英语教师要实现其自身的专业发展,就应该形成专业人格,为专业的发展奠定良好的心理基础。

19世纪的教育家乌申斯基认为,在教育事业中,教学工作应该以教师的人格为根本,任何规章制度、任何机构设施,无论其设计和安排如何完善,都不可能代替教师人格形象。只有通过教师的专业人格才能获得教育的力量源泉。

著名教育家苏霍姆林斯基认为,教育教学过程就是师生之间在心智和情感方面的沟通和交流过程。教育是人与人心灵上最微妙的相互接触。学生会根据大学英语教师的人格形象来对其进行判断。

大学英语教师在长期的教育实践中,对教学、学生、自我的深切感悟理解,对职业道德和教育理想追求的内化,可以使自身的专业人格逐步达到成熟。

（六）专业思想素质

从客观角度来说,专业思想是判定一个人是否属于一个专业人员的重要依据,也是现代大学英语教师与以往大学英语教师区别的显著标志。所谓大学英语教师的专业思想,就是指大学英语教师在理解教育相关知识的基础上所形成的教育教学思想。大学英语教师在教学工作中,要做到以专业思想作为行动的世界观与方法论。大学英语教师的专业思想为其专业发展提供了理性支点和精神内核,对于大学英语教师成长为一个教育专业工作者有着重要的影响。

客观来说,教育专业思想是动态发展的,是不断演变的。因此,每一位大学英语教师都必须不断地总结教育教学实践,以此形成符合自身发展特点的、体现个人风格的教育专业理念、专业思想。在不断发展变化的现代社会中,大学英语教师应该树立终身学习的观念,促进自身专业思想与时代的发展要求接轨。

第二节 促进深度学习的大学英语教学多元化评价

教学评价作为大学英语教学的一部分,需要不断改进评价手段,以适应社会发展。当前,大学英语教学存在的突出问题之一就是教学评价手段不完善,因此大学英语教学应该完善教学评价体系,使教学评价更为多元化。

一、区分评价、测试与评估

对于评价,很多人会联想到测试、评估,认为三者是同一概念。但是仔细分析,三者是存在一定的区别的。简单来说,测试为评价、评估提供依据,评估为评价提供依据,评价是对教学效果的综合评估。

评价与测试、评估关系非常密切,但是也不乏区别的存在。具体来说,可以从如下几个方面理解。

就目标而言,测试主要是为了满足教师、家长的需要,便于他们了解学生的成绩。当今社会仍以测试为主,并且测试也为家长、教师、学生提供了很多信息。评估主要是为教师与学生提供依据,如学生在学习中遇到什么问题、学习的效果如何等,便于教师提升自身的教学质量,也便于学生改善自身的学习方法。评价有助于行政部门对教学进行合理配置。显然,三者有着不同的作用。

二、促进深度学习的大学英语教学评价改革的要求

（一）大学应当及时转变英语教学评价理念

大学积极响应政府出台的教育改革要求，对英语课程教学进行初步改革，但是在建设教学评价体系方面，仍旧沿用精品课程相关评价体系，这种评价体系往往用于"工学结合、职业性和实践教学"的评价，对基础性质较强的英语课程缺乏适用性。英语是高校内部的基础性课程，不仅具备工具性，也具备强烈的人文性，因此在评价过程中，必须先转变相关教学工作者对于教学评价的认知，同时转变课程评价理念。

英语教学相关评价体系的建设，必须遵循以学生为本的建设要求，重视对学生综合英语能力的评价。学生运用英语能力的高低，就是评估教学评价体系是否科学的标准，学生在整个英语相关教学评价体系建设当中居于核心地位。而且英语教师在开展教学工作的时候，必须将学生放在中心位置，并且将该理念运用于评价活动中，保证教学评价体系更完善。

除此之外，英语相关教学评价的内容也需要及时改革，英语教师必须突破传统的教学评价模式，开展综合评价活动，需要对学生的知识、能力、情感、态度、价值观等方面进行全面的评价。在教育改革不断深化的今天，需要将学生运用英语知识解决问题的能力加入评价内容，保证英语教学评价具备正确的方向。英语教师能够有效推动英语教学以及评价体系的改革，同时解决以往英语教学评价片面化的问题，为我国培养更多的英语人才。

（二）大学应当建设专门的英语教学评价模型

大学内部的英语课程具备明显的综合性以及复杂性，因此不仅要有序开展教学评价工作，同时还需要建设相关评价模型。在构建英语教学评价模型的时候，英语教师应当注重评价阶段、维度、问题的系统设计。大学英语教学的评价模型分为三个阶段，分别为准备、过程以及效果。为了使评价模型具备更强的科学性，需要考虑不同阶段面临的问题，从

而使评价模型与教学评价工作紧密结合。

其一,准备阶段,需要准备评价活动所需的资料,以及评价工作需要运用的信息,然后进行归纳与整合,同时总结以往教学评价体系之中存在的问题,从而在改革过程中解决该问题。

其二,过程阶段,大学需要将评价主体与客体的全面参与作为重中之重,其原因是教学评价工作并非某一个人或者一个专业内部的教师参与带来的结果,而是所有人共同参与后得到的结果,因此要做好过程控制与严格把关。

其三,效果阶段,总结已经得到的评价结果,然后将已经获取的评价结果作为依据,对英语教学的方法进行调整,指导学生运用更科学的英语学习方法,发挥出评价体系的诊断、整改、督促等良性作用。

(三)大学应当合理制定英语教学评价指标

大学英语教学评价体系的改革,应当适当地借鉴发达国家的英语教学评价标准,同时对我国高校的实际教学情况进行分析,兼顾其他类型的评价标准,依据国家精品课程评价指标体系中英语教学实际情况,制定科学合理的、能够切实发挥优势的教学评价体系,为评价具体指标奠定良好的基础。不仅如此,在评价指标的建设过程中,必须对教学评价相关的指标构成要素进行分析,分别就学生、教师、内容、背景四个层面进行评价,重点关注教学管理工作相关评价活动。需要注意一点,评价体系的建设必须做到以人为本、内容多元、促进发展,评价指标必须具备多个维度,而不是运用单一维度。例如,在教学评价指标建设的准备阶段,英语教学评价应当重点分析教学资源以及教学内容等,同时考量教学的理念、意向以及策略,还需要考量教师和学生的个性特征、学生已经掌握的英语知识、学生运用的学习方法等。在正式开展英语课程教学之后,应当评价教师的教学策略、学生的学习方法、课堂的学习氛围、教学内容等。而在教学效果阶段,应当评价教师的教学工作、学生的发展情况等。所有指标权重必须得到合理设计,量化评价所有的指标。

（四）大学应当深化应用英语教学评价结果

在改革教学评价体系的过程中，英语课程的教学评价必须结合现有的评价结果，深入开展教学改革，从而使教学评价体系得到持续建设和完善。在获取教学评价结果的时候，不仅要进行定量计算，还需要对评价结果进行定性分析，坚持综合性的评价原则，不能单纯地为了获得教学评价结果，而将所有内容简单叠加。在安排教学评价权重的时候，必须考虑到关联程度以及知情程度，从而获得更为客观的评价结果。不仅如此，还要将评价结果进行公示，接受学校全体师生的监督，避免评价结果的内容失真。

评价结果在获取以后，必须在实际英语教学工作中得到运用，同时融合英语教师的评奖评优、薪酬绩效、职称评定、学生综合评估等方面，使评价体系发挥出导向作用。首先，在实施英语教学活动方面，英语教师必须及时更新自身的教学理念，更多地在教学过程中培养学生运用英语的能力，还需要尊重学生群体存在的个性差异，在设计教学方法的过程中，将学生放在核心位置，实现因材施教的教学目标。其次，在管理教学活动方面，学校应当关注先进的信息技术，对现有的教学资源进行丰富，同时建设信息化的教学评价平台，保证英语相关教学评价体系的建设能够适应现阶段改革发展的要求。

综上所述，英语课程教学在我国大学内部占据着重要的地位，但是在对英语的教学活动进行评价的过程中存在一系列问题，需要通过改革进行解决。大学应当不断推动教学评价体系的改革工作，以此完善英语教学的评价体系，从而提升人才培养的质量。

（五）大学英语应当强化形成性评价

1. 教师评价过程中存在的问题

在教育过程中，部分教师对考核内容、考核过程、考核题目的理解存在细微偏差，表现为以下问题。

（1）评价内容单一。

学习英语应该关注学习过程，而不仅仅是学习成果，要让学生学会合作、倾听和思考。过去，教师以考试成绩作为评价目标，单一的评价内容无法客观评价学生的学习。

（2）评价过程单一。

现有的评价模型往往以分数论英雄,通过单元检查、期末考试等总结性评价,在第一阶段评价学生的学习表现,忽视了学生的学习过程。

（3）评价主体唯一。

在评价过程中,教师是评价的主体,学生的表现完全由教师决定,学生是被动的。

2. 形成性评价在大学英语教学中的运用策略

（1）建立学生个人学习记录档案。

建立学生个人学习记录档案,对于指导学生正确运用自我价值评价系统非常重要。个人学习记录档案一般是教师在日常学习评价过程中逐渐建立起来的,有助于评价学生平时的学习活动方式、行为和表现。个人学习档案中的主要内容是对学生的成长评价,有利于奠定学生思想基础,进一步激发其学习动力和积极性,促进学生的全面发展。教师充分利用个人学习档案中的评价内容,不仅可以随时让学生看到、了解自己的成长路径,还可以帮助学生了解自己的进步和不足,以及思考自己接下来的目标和计划,有利于激发和促进学生发展。

（2）追求评价的公平性。

兴趣是学习的先导。例如,在教学时,如果学生能准确地回答问题,教师的赞美将是一种极大的鼓励,会激励他们更加努力地学习。在评价过程中,教师应鼓励学生以多种方式表达自己,增强他们的自信心。学生的作业、行为模式和学习情绪等应该通过积极有效的自我净化、自我完善、自我革新、自我提高等进行评价。学生接受和喜欢的评价,本质上是学生对教师的最大认可。

在整个评价教育的环节中,教师要力求科学、准确地将最终评价结果直接反馈给学生,让学生认识到自己的长处和短处,从而更全面、更理性、更客观地提升自己,从而持续发展。学生平时的课堂学习时间可以通过多种组织方式灵活调整。例如,团队成员之间进行对话讨论,让学生学会认真回顾、反思、评价课堂学习活动过程,调整学习和积极改进学习计划,学习能力很快就能得到有效提高。

（3）完善形成性评价体系。

在形成性评价系统中使用反馈可以有效改善学习效果,但仅靠反馈并不那么有效,因为反馈就相当于将深度学习的责任转移给学生。形成性评价包括三个阶段:前馈—反馈—后馈。前馈帮助学生了解他们的学习目标并知道如何评价自己;反馈让学生了解自己的优点、弱点;后馈进一步指导学生如何在此基础上进行构建和改进,以便清楚了解下一步该往哪里走。只有这三个部分在形成性评价体系中并存,才能有效促进学生学习。

进行前馈。作为形成性评价系统的重要组成部分,前馈要回答"去哪里"这个问题。它主要包括三个部分:明确的目的、动机和目标设定。学生必须首先了解每节课的目的以及为什么这些知识、目标、信息是重要和适当的。当目标一致并且学生受到激励时,形成性评价系统就会起作用。

进行反馈。越来越多的例子表明,反馈越快越好。反馈与学生的表现密切相关时,反馈会更有效。反馈应该是具体的,通过反馈指出学生做得好的地方和需要改进的地方,学生便可以做出有效的调整。反馈应该是可以理解的,只有当学生理解反馈内容时,反馈才有效。反馈的意义在于学生可以通过反馈的内容进行自我调整,缩小与目标的差距,这样教师提供的反馈才具有实际意义。

在形成性评价系统中,学生可以通过反馈了解自己当前的知识状态。然而,仅靠反馈是不足以促进理解的,需要教师进一步指导。没有额外指导的反馈有助于激励学生,但会削弱他们的学习热情。反馈是个性化的,是根据学生的需求量身定制的,这一点非常重要。

教学过程的一个重要部分是检查学生的理解程度,检查理解应该与指令同时进行,而不是在给出指令之后。一旦目标达成一致并开始上课,教师必须确保学生理解目标并帮助他们朝着目标前进。这种反馈策略尤为重要,在设计教学活动时,教师应考虑如何将学生的理解形象化,以便为下一阶段的教学提供有力的证据。教师应在反馈后提供指导和建议,但教师不应直接说出答案,应引导学生循序渐进地思考,并以提问的方式引导学生走向正确的方向,并在需要时给予鼓励。形成性评价体系中的每个环节对教学目标的实现都起着重要作用,教学目标也是形成性评价体系的重要组成部分。

进行后馈。后馈分为四级,每级都针对特定的内容,但后馈的层次应该与有效的教育目标保持一致。第一级后馈是对学习作业的反馈或纠正性反馈,这是教师最常用的后馈类型,对纠正错误最有用;第二级后馈是对学生认知过程的反馈;第三级后馈是与学生自我评价和自我管理相关的自我调节反馈;第四级后馈是关于个人的自我评价,并关注学生本人。

(4)使用多样化的形成性评价方法。

教师应根据课堂上的学生反馈和作业本上表现出来的情况,及时调整教案。教师在讲课前要做到时刻坚持"把课堂还给学生"的教育原则,让学生自己去完成,并成为整个课堂的实际参与者。教师还要教会学生善于自我解决及综合分析,使每位学生都能够从中学会将所学专业知识应用于思考和解决一些现实生活问题,对自己的职业生涯负责,成为另一种自主专业知识学习者和评价者。

①使用自我评价。自我评价的方法其实有很多,可以用于激励学生主动完成学习进度,激发他们去独立思考,激励他们深入了解当前需要完成的具体学习目标和需要继续改进的地方。自我评价可以带给学生积极的生活情感态度,引导学生产生学习动机,激发出学生强大的个体自信心,是实现终身教育价值的重要前提。

②使用同学评价。同学评价作为形成性评价系统的主要关系评价方法之一,具有十分重要且深远的学术意义。形成性学习评价体系中的同学评价体系是指关于学生支持其他同学学习,同时允许其他同学进行相互学习的评价资源。在同学评价中,学生通过发现自己的弱点,相互帮助,评价同伴的长处和短处。但是,教师在同学评价中的作用不容小觑,应发挥指导作用,并及时提供反馈。

③使用教师评价。教师评价在传统评价中占据绝对主导地位,但在形成性评价中,每一步都需渗透到师生互动中。学生的自我评价过程和社会相互评价同样离不开教师的综合评价,教师评价的作用在于促进学生主动学习,但一般不应采用单一的教师评价方式,而应与每个学生协作。教师可以通过作业上的解答情况、课堂上的提问情况和建立学生学习成绩档案进行评价。

(5)保护学生的自尊心,树立其学习信心。

如果教师经常指责学生,学生表面上可能不会表现出什么,但实际上教师的想法已经打击了学生的自尊心。在课堂上,学生不一定能很好地表达自己,如果教师在这个时候对学生进行形成性评价,鼓励他,那么即使他犯了错误也会带着希望的微笑积极回应教师。这样不仅会激发学生学习英语的兴趣，还会对学生的自尊心起到保护作用。

（6）构建逐步释放责任的教育框架。

逐步释放责任的教育框架包括五个部分：进行目标设定、开展教师示范、设置监督机制、开展高效的小组合作和进行独立学习。

①进行目标设定。教师在备课时都会设定教学目标，但并非所有学生都知道这一点。在课程开始时告知学生学习目标是非常有必要的。

②开展教师示范。在学校，学生不仅要学习知识，还要学习如何思考、提问和反思。学生需要教师为他们的思维过程建模，以便自己可以逐步开展自主学习。教师示范的重要性在于思想是无形的，让学生一步一步地了解教师是如何解决问题的。

③设置监督机制。监督从询问、鼓励、解决三个方面进行。询问是用来检查学生的理解情况，当学生理解得不正确时，要鼓励学生思考。当鼓励不起作用时，教师应提供一些线索，学生利用线索来解决问题。

④开展高效的小组合作。小组合作学习是必不可少的，小组合作可以更好地整合和应用所学知识。此外，小组合作中最重要的是让每个小组成员承担责任，并通过小组成员之间的相互合作进一步加深对目标语言和技术的理解。

⑤进行独立学习。教育的最终目标是培养能够独立思考的终身学习者，因此，每节课都应该为学生提供独立应用所学知识的机会。一项有效的独立任务应具有及时性，当教师给学生布置一项任务时，他们必须独立完成任务。

打造高效课堂是每一位教师的教学目标，持续地研究、教学和学习也是每一位教师的使命。形成性评价对课堂教学具有广泛的意义，值得所有教师深入研究。研究和开发有效的评价模型是所有教师的责任。

三、促进深度学习的大学英语教学评价的原则

当前，大学英语教学的主流精神在于以学生为本，即以学生作为主体，将学生的学习积极性调动起来，促进学生的主动学习，进而推进学生的全面发展。

（一）主体性原则

大学英语教学长期存在"费时低效"的情况，根本原因在于大学英语教学过分重视教授，而忽视了学习，过分看重标准化与一体化教学，未重视学生的个体化差异。

大学英语教学需要考虑学生的情感与认知因素，允许学生对学习内容自行选择，可能会全部承担或者部分承担学习的前期准备、实际学习以及学习效果监控与评价等责任，让学生在学习与评价过程中形成一种监控意识。

（二）交互性原则

每一名学生都是独一无二的，教师与学生的目标是不同的，但是彼此之间也不是孤立的状态。教师和学生都是社会互动中的一部分，只有融入整个社会体系之中，才能将各自的效能发挥出来。大学英语学习本身属于一种社会性活动，对大学英语教学模式的探索必然与教师和学生相关，并且师生之间的互动也是大学英语课程的核心。师生互动对教学活动的质量起着决定性的作用，并且师生之间的互动也对他们各自的角色起着决定性的作用。在这期间，学生从被动的听课角色变成学习活动的计划者、对学习过程的调控者、对学习结果的评价者。教师的角色也发生了改变，从之前的知识播种者转变成课堂活动的组织者、教学活动的研究者、学习的指导者的身份。

（三）情感性原则

英语学习不仅是一个语言认知的过程，还是一个情感交流的过程。当师生围绕着教材展开教学活动的时候，教师、教材与学生之间不仅是在传递信息，还是在交流情感。大学英语教学在高等院校中被视作传递异域文化的价值观念、实践成果等的中介。

在大学英语课程发展中，培养积极的情感是非常重要的。在大学英语教学改革中，学生的情感、态度、价值观都需要引起教师与其他学者的关注。学生对英语学习的情感不仅能够激发学习兴趣，还能够感受到英语学习的快乐，是一种丰富内心体验的过程。

四、促进深度学习的大学英语教学评价的多元化手段

多元智力理论是哈佛大学教授加德纳在他的著作《智力的结构》一书中所提出的,加德纳认为智力并非只有一种类型,而是多种智力类型的有机统一,人们在学习生活中所呈现出来的智力类型是多元化的。

人的智力具有个体差异性,这种差异不仅体现在个体之间,也体现在个体内部。同时,人的智力也并不是固定不变的,而是处于不断发展变化的过程中。多元智力理论自传入中国之后,便引起了教育界的广泛关注,探索该理论与各学科融合发展的研究层出不穷。多元智力理论对于英语教学评价的优化有着重要的参考价值,因此,有必要对其展开深入的探讨。

(一)多元智力理论与多元评价

加德纳的多元智力理论被提出之前,学校通常只注重学生"读"和"写"这两方面能力的培养,但这两种能力显然无法体现出人类全部的智能。因此,加德纳的多元智力理论是一种全新的智力结构理论,并且对以往的智力评价模式产生了冲击。

在多元智力理论中,加德纳认为如果只是将人类的智力局限于逻辑与语言这两点是十分片面的,难以将一个人真正的智力水平展示出来。相反,人类的智力构成应该是多元化和综合性的。多元智力理论认为,人的智力主要包括八种基本智能,它们之间彼此独立又相互统一。同时,多元化智力理论主要强调以下几点。

一是每个人都具备这八种智能,但它们在每个人身上的组合类型、呈现方式各不相同,这也使每个人的智力类型都是独一无二的。

二是虽然每个人都有这八种智能,但由于各种因素的相互作用使得发展方向和程度千差万别。

三是多元智力是以语言和逻辑能力为基础的综合能力。

四是多元智力是以相对独立的形式呈现出来的,而并非以整合的形式呈现出来的,同时,多元智力理论也是多元化评价模式的理论基础。

加德纳认为,一个人智力的发展不仅受个体内在因素的影响,还受外部环境的影响。只有兼顾内外因素对人类智力的影响,才可以完全理解多元智力理论。所以,加德纳质疑以往的智力理论,并主张改变传统

狭隘的智力评价模式，转而采用多元化的评价模式。

每个学生的能力是各不相同的，他们都有自己的优点和缺点，学生在学习过程中所表现出来的智力类型并非单一维度的，而是多元化的综合体现。因此，在评价时要坚持多元化的评价方式。多元化评价强调对学生评价时应该从多个角度，采用多种方法，用全面与发展的眼光去评价他们的智力。这样对学生智力的评价才会更加客观全面，才能够更好地促进学生的个性化发展。

（二）多元智力理论下英语教学评价的必要性

1. 使每个学生得到全面评价

多元智力理论下英语教学评价是一种立体化的教学评价模式，通过这种评价，每个学生都可以在自身智力水平上得到更好的发展，都能在学习中有所成长。

在多元智力理论下的英语教学评价中，每个学生智力构成中的特点和优势都将会得到相应的评价。例如，有些学生擅长英语听力，有些学生擅长英语写作，有些学生擅长英语口语交际，无论是哪种智力类型，都可以得到客观的评价，这相对于以往单一评价标准的评价模式更加客观全面。需要强调的是，在当前应试教育背景下，尤其不能单纯以成绩好坏去评价学生的优劣，而要对学生的各个方面进行综合评价，这样才能保证评价的真实、客观性。

2. 帮助学生树立自信心

多元智力理论下的英语教学评价与以往单一化的评价模式有着本质区别，它能够帮助不同层次的学生树立自信心。教师可以结合学生的具体情况去制定差异化的评价方案和标准，对于不同类型和层次的学生采用差异化的评价标准。例如，在评价英语基础较差的学生时，教师可以着重评价他们相较于以往取得的进步，让他们看到自己努力的结果，从而帮助他们建立自信心。对于那些英语成绩优秀的学生，教师在评价时可以着重评价他们个性化方面的发展，这样可以帮助他们巩固和提高学习英语的自信心。

再如，对于那些虽然成绩不是特别优秀，但是有特长的学生，如擅长英语口语、英语写作、英语交际、英语阅读等,这些闪光点在以往以成绩为中心的评价模式中是经常被忽视的,而在多元智力理论下的英语教学评价中,教师可以有针对性地结合他们的闪光点进行评价,这样可以让学生意识到以往他们身上被忽视的优点,从而逐渐建立起学习英语的自信心。

3. 契合人性化的教育理念

学生的智力千差万别,再加之后天外部环境的影响,这种差异性就显得尤为突出,因此,单一的评价模式难以满足学生的发展需求。同时,学生的个体差异性会使学生对英语学科的理解和认知产生重要影响,教师在评价英语教学时应该意识到这一点,确保英语评价兼顾人性化与理性化的特征,坚决杜绝"一法评千人"的评价模式。

多元智力理论下的英语教学评价要求教师不仅要关注学生的差异性,还要兼顾其他方面,为不同水平的学生提供更为广阔的发展空间。面对当下英语教学中存在的问题,教育理念的革新是十分必要的,需要在多元智力理论下去探讨问题的解决之道。基于多元智力理论的英语教学评价模式能够激发学生学习英语的热情,让学生从被动学习转变为主动探究,并帮助学生树立强大的自信心,进而促进他们的全面发展,彰显人性化的教育理念。

(三)多元智力理论下英语教学评价优化策略

多元智力理论与教育的结合推动了教育个性化的发展,这种教育个性化的发展更加突出各种教学方式的开发,目的是使各种智力类型的学生都可以得到相应的发展。

在英语教学中,基于多元智力理论的教学评价有其独特的优势,即教师在认识到学生智力差异的基础上,帮助他们形成符合各自智力类型的学习风格、策略等,尽可能地发掘他们智力类型中的强项,激发潜能,从而让他们在英语学习过程中取得相应的发展。在多元智力理论下的英语教学评价中,我们应该从以下几点去优化完善:

1. 评价理念多元化

多元智力理论强调智力是多元化的,任何一种智力类型都具有自身独特的价值,不能简单地认为某一种智力类型就一定比另一种好。同时,多元智力理论也强调每一个学生的智力构成都是独一无二的,每一个学生的智力构成都有强弱项,因此,教师应该树立多元化的评价理念。

构建多元智力理论下英语教学评价体系是为了激发学生各方面的潜能,并让他们认识到自己的强弱项,这样可以使他们更加客观地认识自我,从而更好地发展自我。同时,教师还可以通过多元评价积极鼓励学生去发展自己的智力强项,并将智力强项中所展现出来的品质与特点迁移到智力弱项中,以强项带动弱项,从而使学生各方面的智力得到均衡发展,这样才能促进学生的全面发展。

总之,多元化的评价理念应该以学生的全面发展为中心,突出教学评价的整体性,将教学评价和学生英语各方面素养的提升联系在一起,从而更好地促进学生英语综合素养的提升。

2. 评价内容多元化

可以通过写英语日记的方式评价学生的观察记忆能力以及自我反省能力;组织学生制作英语黑板报、英语口语交流活动来评价学生的绘画能力、交际能力以及情绪表达能力等。基于多元智力理论的英语教学评价不应该只注重对学生听、说、读、写等智力因素的评价,还应该注重对他们学习态度、毅力、交际能力等非智力因素的评价。

英语智力因素的评价并非教学评价的唯一评价内容,教师在评价过程中应该设定多元化的评价内容,通过多方面的考察评价,给予学生展示自我的机会,鼓励他们扬长避短,这样才能更好地促进英语综合素养的提升。

3. 评价主体多元化

多元智力理论下的英语教学评价主体不但强调教师的评价,而且强调学生以及家长的评价,倡导评价主体的多元化,鼓励各评价主体之间相互沟通合作。这样既能够使学生由被动的评价对象转变为主动的评价主体,也能够使教师从评价的权威者转变为评价的组织者与辅助者,使家长从评价的旁观者转变为评价的参与者。因此,应该积极采用多元化评价主体的评价模式。具体而言,评价主体的多元化主要体现为以下几种形式:

一是学生自评。学生自评可以提升学生的自我反思能力,还可以让他们养成勤于思考的好习惯,并逐步使学生成为一个善于自省、能够自主学习的人,为他们的终身学习奠定基础。不仅如此,通过学生自评,教师可以发现学生在学习中的需求与态度,这样有利于教师在以后的工作中优化完善英语课堂教学。

二是学生互评。学生互评不仅可以使学生参与到评价活动中,还能够提升他们的沟通与协调能力。同时,在学生互评过程中,学生之间还可以学会相互尊重和相互欣赏,懂得在相互协作过程中去学习对方的优点,这对于培养学生的自我学习能力大有裨益。

三是家长参与评价。家长参与到评价的过程中可以使评价的价值得到极大的提升。家长在评价时可以通过观察孩子在家里的表现情况、与孩子进行私下谈心、与教师沟通交流、查看孩子平时的作业完成情况等形式,全面地了解孩子的情况。由于家长处在旁观者的位置上,对于孩子情况的评价会更加客观,因此家长的评价更具有参考价值,同时也能够有针对性地协助教师完成教学工作。

4. 评价方式多元化

教师可以利用问卷调查的评价方式。在问卷调查过程中,学生可以将一些不便在教师面前讲的事情写下来,这种评价方式会发挥出意想不到的作用。另外,还可以采用学习档案袋的评价方式,教师查阅学生的学习档案袋,可以对他们的学习情况有一个整体的了解,这样能够从宏观的角度去评价他们,评价的效果才能够达到最大化。

5. 评价标准多元化

多元智力理论下的英语教学评价应该打破传统评价中"一刀切"的做法,采用更为多样化的评价标准,用不同的标准去评价学生。素质教育所倡导的全面发展并不是平均发展,每个学生的资质各不相同,单一的评价标准难以满足现代教育的发展要求,不利于学生多元化发展。因此,多元智力理论下的英语教学评价应该采用多元化的评价标准。例如:

在面对那些学习成绩优异的学生时,教师可以采用"常规参照评价",这种评价标准让学生找到自身的不足,并向着更高的目标迈进;对于那些成绩处于中间层的学生而言,教师可以采用"目标参照评价",这种方式让他们意识到自己和参照目标之间的差距，然后向着参照目标努力；对于那些学习较为困难的学生，教师可以采用"自我参照评价"，当这些学生相较于之前的自己有进步时，教师就应该给予及时的鼓励，激励他们在以后的英语学习中再接再厉。因此，在英语教学中，教师应该结合学生的具体情况，设置多元化的评价标准，使每个学生都可以得到不同程度的提升。

综上所述，基于多元智力理论的英语教学评价模式不仅可以使学生的能力得到综合评价，还能够促进他们英语综合素养的全面提升。在这一过程中，教师也能够获得有关英语教学方面的各种信息，这对于教师总结反思自己的英语教学工作大有裨益，有利于教师专业素养的不断提升。此外，基于多元智力理论的教学评价模式也可以使学校了解到自身管理方面的不足，能够帮助学校更好地完善各项教学管理工作。

总之，多元智力理论下的英语教学评价对于学生的学习成长、教师能力的提升以及学校教学管理工作的完善都具有积极的影响，因此，在以后的教学过程中应该积极推广和倡导。

第七章 深度学习理论指导下的大学英语教学的创新发展

在推动高等教育教学改革实践的过程中，许多学者开始积极地将课程生态理论、ESP理论融入主题教学环节中，采取创新的教学效率和教学手段，积极推动教学资源的优化利用和配置。生态教学、ESP教学融入符合时代发展的要求，能够提高学生的综合素养，实现人才培养目标与时代发展之间的紧密联系和互动。对此，本章基于深度学习理念，以大学英语教学为依据，具体分析该学科生态课堂构建、ESP教学，以期为提升我国大学英语教育质量和水平提供借鉴。

第一节　基于深度学习理念的大学英语生态课堂构建

在信息技术助力下,英语教学生态发生了彻底改变,教育生态学视角下构建指向深度学习的教学模式,使大学英语教学改变了单一、线性的任务链教学,转向多元、复合生态圈型教学,从目标定位、内容整合、信息技术支撑到评价设计,形成闭环的有机整体。构建大学英语教学新生态,同时运用深度学习使学生对意义的构建向纵深化发展。在合作探究中提高思辨能力,使构成教学生态的各个因子和谐互动、有效融合,既有助于提升大学英语教学质量,又形成英语智慧教育生态,为大学英语教学改革提供新的视角。

一、教学的生态本质

教学可分为狭义教学和广义教学。狭义教学就是人们常常提起的教学,即学校开展的教学活动,指在教学目标的规范下,教师把知识技能传授给学生,学生不仅能够学习知识理论,还能够激发积极的情感态度和价值观,让自己的身心得到全面发展。广义教学具体指学和教相结合的活动,即由教的人和学的人共同开展学习活动的过程。但无论是哪一种教学,它都包括非常多的成分,如人的成分,即学生、教师以及有关职员;物的成分,即教学环境、设施、内容等,说明教学本质上是一个五花八门、复杂多变,包括多种成分的系统,是充满活力的过程。

对"生态"的历史进行回顾,发现它的内涵是不断拓展的。"生态"这个词语的产生比较晚。1858 年,博物学家索罗最早提出"生态学"这一概念。1865 年,德国的动物学家海克尔,把希腊文的 Oikos 和 Logia 进行了组合,产生了 Ökologie,即生态学,意思是"住所的研究"。到 1866 年,海克尔赋予了生态学一个鲜明的概念,即"研究有机体及其周围相互关系的学科"。但现在的"生态"早已有了更广泛的内涵了。从字面上剖析，"生"就是生命，代表能生长的事物在某个环境下成熟、发展；"态"则是外貌，即形状、姿态等。选择从方法论和生态世界观方面着手，教学活动系统的最根本特点就是生命性或生态性，它不是固定不变的物质系统，而是蓬勃生命力的动态发展的生态系统。教学的生态性是教学的内在特征，教学走向生态化发展的道路是因为教学本身具有的生态性。

二、基于深度学习的大学英语生态化教学的策略

（一）目标导向

教学目标的确定起到提纲挈领的作用，目标的制定要考虑各个层面的要求，顶层、中观和微观要形成协同效应，共同发挥作用。同时还要符合学生的实际水平、接受认知能力和知识结构，又要结合国家需求和校本特色，既做到满足顶层要求，又做到以学生发展为中心。同时还要依据《大学英语教学指南》和具体英语课程的特点，设定听说读写，情感与思维能力和跨文化能力目标。在此基础上，再细化知识层面、能力层面和情感层面的具体教学目标。[①] 以《新一代大学英语》第四册第一单元 *Digital Communication* 的 Text A 教学为例，在细读文本的基础上确定其知识层面目标为了解表情符号的发展史且能够运用相关词汇谈论数字时代的交流，能力层面要求学生能够合理地解释表情符号在数字时代的交流中所起的作用，能够阐述其利弊，情感层面上升到使用表情符号表达自己的观点和情绪态度，表情符号的使用要彰显社会正能量，具备宣传和教育意义。

（二）教学实施

美国学者 Marton 和 Saljo 最早提出深度学习，将深度学习具体划分为：活动与体验、联想与结构、本质与变式、内化与交流、迁移与创造、价

---

① 胡芳毅，王宏军．从"任务链"到"生态圈"：大学英语教学的生态建构[J]．外语教学，2019，40（2）：76—79．

值与评判六个方面进行意义建构。活动与体验要求教师挖掘潜在交际价值的情境，引导学生积极参与和主动体验课堂活动。①联想与结构重视学生已有经验与课堂知识之间的关联，使先导知识和后续知识呈体系化，以结构化和整合的方式融为一体。

本质与变式强调对学习内容进行深度理解和思考，透过浅表化的表现形式提炼本质内核，形成合理的判断，同时提高学生思维能力的发展。内化与交流通过互动和合作进行交流，将外在的新知识转化为个人理解接受并创造性地表达出来的知识。迁移与创造使学生能够举一反三，将所学知识和技能、内化的价值观运用到解决真实社会情境中的具体问题，能综合运用所学语言技能、高阶思维，科学合理地表明立场、观点、情感和态度。价值与评判聚焦学生自身对于所学内容，意义构建过程和结果，进行反思和评判，使学生辩证性地审视学习内容中蕴含的价值取向、人文精神，以及所涉及的文化现象，更好地实现立德树人育人目标。

在讲授《新一代大学英语》第四册第一单元 Digital Communication Text A 时，进行活动与体验环节，在线上校园平台发布投票活动，让学生票选出现实生活中使用最广泛的表情符号。要求学生观看世界表情符号日的视频，让学生了解表情符号的相关信息和历史，同时让学生思考设立世界表情符号日的目的以及表情符号的意义。线下课堂教学，联想与结构环节活动，让学生通过表情符号猜成语，激发学生兴趣。表情符号在日常生活交流中已经不可或缺，让学生讨论使用表情符号的原因。

另外，让学生通过一组完全由表情符号来表达的内容，猜一部世界名著，学生可能会猜出名字，但对表情符号所表达的内容却不甚了解，教师可引导学生思考，表情符号能否替换文字？从而得出结论：表情符号是对文本的补充。

本质与变式环节，本单元产出任务是采访本年级同学调研表情符号在网络社交中所起的作用，网络社交存在的问题及如何构建和谐的网络社交。在输出单元产出任务之前，依托文本信息提供有利于产出的支架，理解文本内容及深刻含义，文本梳理了表情符号的发展历史及其对

---

① 束定芳.构建外语教育教学的新生态[J].现代外语，2021，44（4）：456—461.

交流所产生的重要意义及未来发展趋势，主要通过目标词汇同义词替换、连词成句、句型改写强化新语言形式和已知意义的连接。通过分析表情符号历史发展不同阶段所呈现的形式和特点，总结其优缺点及对交流所起到的作用，找到支持其利弊的依据并进行阐述。这样通过内化和交流环节加深学生对文本意义的消化和吸收，从而为产出提供辅助。

在迁移与创造、价值与评判环节，学生在了解表情符号使用的意义及其在交流中的重要地位的基础上，进一步思考数字时代交流存在的问题及对策。当今社会，网络人际交往成为主导，人际交往更注重运用图片和表情符号而非面对面交流，但其缺陷也不可忽视：如信息"碎片化"，人们获得的信息不完整，甚至虚假信息充斥其中，人际关系疏远不真实等；让学生讨论怎样解决这些问题，比如，真诚、庄重、投入，以"信"为基础、"礼"为核心等，将传统社交的礼仪原则和价值核心融入网络社交中，使其焕发新的生命力，履行新的使命。

（三）评价设计

传统教学评价以分数为主，评价方式单一。大学英语生态教学模式则依据不同的目标细化了评价的维度，改变了以教师为中心的评价模式，实现了评价主体和内容多元化。根据所设定的目标进行有效评价，聚焦课前、课中和课后训练，在知识和技能评价层面，借鉴布鲁姆的认知目标层级模型（记忆、理解、应用、分析、评价和创造），对学生评价的要求进行师生和生生互动评价。在思辨和创新能力评价层面，依据"德尔斐"双维结构模型，从构成思辨能力的核心技能分析、阐释、推理和评估等方面进行分析评价。在人文素养与价值观层面，采用克拉斯沃情感目标分类法，从接受、反应、价值评价、组织和价值体系个性化五个方面进行研究。仍然以《新一代大学英语》第四册第一单元 Text A 为例，在知识和技能评价层面，要理解、记忆表情符号发展史，能分析使用表情符号的原因并应用到日常生活之中，能评价表情符号使用的合理有效性，并创造性地应用表情符号使表达更精准直观。在思辨和创新能力评价层面，要求学生能深度全面思考数字化时代，表情符号被广泛采纳的原因及其利弊，多维度、多视角地阐述观点，并且运用高阶思维的技能，能分析现状、阐释理据、推断成因并预测未来趋势。在人文素养与价值观层面，引导学生思考怎样理解并利用表情符号。表情符号使用要避免过度娱乐化,应当是一种蕴含正面价值观的具有教育意义的符号,引发学生共鸣并践行,判断其使用的场所和意义所在,同时也要求学生从自我做起,身体力行,营造风清气正的表情符号使用氛围和环境。

第二节 基于深度学习理念的大学英语 ESP 教学

随着国际化交流的不断深入和发展,专业技术人员在专业领域内的跨文化交流能力越来越重要。培养具有较高专业技术以及英语应用水平的"专业+英语"的国际化复合型人才。

ESP 是 English for Specific Purposes 的简称,中文翻译为"专门用途英语"。这一门学科起源于 20 世纪 60 年代,是建立在英语知识与专业需求基础上的应用型学科。我国有很多院校兴起了大学英语 ESP 教学,因为其应用性强,所以受到了各大高校的重视。

一、大学英语 ESP 教学的原则

(一)教学以需求分析为基础

大学英语 ESP 教学建立在学习分析的基础上,其主要有如下两点表现。

第一,教学目标在设定时需要进行需求分析,教学目标从社会与学生的需求出发,培养出的学生不仅具备学术素养,还具备职业素养。

第二,教学内容的选择需要进行需求分析。在明确目标之后,就需要对教学内容进行选择,教师要从本校的实际出发,对教材进行选择,因为教学内容主要体现在教材上。教学内容的选取需要遵循需求分析原则,应该从社会与学生需求着眼,采用恰当的手段展开目标情景分析。

（二）实现英语教学与专业教学相融合

为了推进大学英语 ESP 教学，应该在课程上保证英语学习与专业学习的结合，从单一的语言教学转向多学科英语教学，从而真正将语言学习融入具体专业中。换句话说，就是实现师生的教学相长，通过彼此之间的互动，实现知识的深度融合。学生与教师的平等交往，对大学英语 ESP 教学的内容有清楚的了解，并获得与自身相关的英语专业技能。

二、基于深度学习的大学英语 ESP 教学的策略

（一）创新英语 ESP 教学的目标，完善教学设计

要想推进 ESP 教学改革，首先需要对教学目标加以创新，对教学设计进行完善，对教学内容加以确定。一般来说，教学内容往往是基于教学目标建立起来的。大学英语 ESP 教学是英语基本知识与专业知识的融合，因此教学内容可以划分为两部分：一部分是学术知识，另一部分是专业知识。前者指的是英语基础理论，后者指的是学科知识，二者有着紧密的联系。并且，英语基础理论知识是学科知识的前提与基础，学科知识是基础理论知识的扩展。大学英语 ESP 教学就是要实现二者的融合。具体来说，可以从学生的实际情况出发，对课程加以设计，对传统的英语教学内容加以安排，并将专业知识融入普通教学之中，满足学生的实际需求。

在具体的大学英语教学中，应该采用渗透式教学与分层教学相结合的模式，有助于学生适应不同的教学模式。两种教学模式相结合就是对大学四年的 ESP 教学的综合设定，即在大一、大二主要讲述基本的英语技能，同时渗透 ESP 教学的知识，到了大三、大四可以设置 ESP 教学，并从不同的专业出发进行课程设计，这样才能符合不同学生的专业发展。

在教学活动的设计上，要注意英语语言与教学内容的融合，可以鼓励学生采用小组形式展开深度学习。合作学习强调对知识的建构，教师要在熟悉教学内容的层面上创设一定的情境，让学生在小组讨论中对专业内容进行建构，从而不断提升学生的语言运用能力。其中情境的创设

有助于学生明确学习目的,激发他们学习的兴趣和积极性,最终提升教与学的效果。

(二)充分利用空间,建立多元交互的英语 ESP 课程体系

在大学英语 ESP 教学中,要实现课程设置与教学风格的一致,这是基本的前提条件。因此,教师在大学英语 ESP 课程的设计中要付出一定的辛苦和精力,具体来说要注意如下两点。

第一,要将必修课与选修课充分结合起来。例如,当学生进入学校之后,可以进行摸底测试,测试学生是否可以直接接触 ESP 课程,并从学生的个人专业、自身水平出发,选择适合他们的专业英语。另外,可以从难易程度上对课程进行划分,简单的课程可以用作对必修课的补充,难度较大的课程可以到了大三再学习,当然各高校要根据学校实际情况自行制定。

第二,要建构多元交互的课程体系。这一体系主要基于通用英语教学,目的是对学生的基础知识加以巩固,并将 ESP 教学作为核心,目的是脱离传统的教学模式,让学生接触专业英语,并让学生学会将专业英语用到具体的实践之中。同时,设置跨文化交际课程,拓宽课程范围,对教学内容加以丰富,并基于基础英语、专业英语等,让学生运用移动网络对中西文化的差异有所了解,培养学生的人文素养。

(三)利用互联网,拓展英语 ESP 学习的空间

随着互联网技术的进步与发展,学生获取知识的途径变得更为丰富,一些碎片化的学习机制也不断出现,这些变化对于 ESP 教学有很大的影响。

首先,要充分发挥互联网技术的作用。大学英语 ESP 教学主要是为了培养具备国际视野的英语专业人才,因此在教学中采用互联网技术,将慕课、微课等教学模式引入其中,有助于激发学生的学习兴趣,也便于扩充学生的学习内容。

其次,要营造良好的学习氛围,为学生拓宽学习的空间。教师可以为学生设置学习情境,让学生有身临其境的感受,这样便于学生转变角色,与专业需求相适应。

参考文献

[1] 蔡基刚.中国大学英语教学路在何方[M].上海:上海交通大学出版社,2012.

[2] 陈细竹.网络时代英语自主学习与教学研究[M].北京:北京日报出版社,2019.

[3] 陈阳芳.中国大学生英语口语自主学习动机培养研究[M].上海:上海交通大学出版社,2019.

[4] 冯智文.深化大学英语教学改革探索与研究[M].昆明:云南大学出版社,2013.

[5] 黄雪梅.现代教育技术下的新型大学英语教学模式研究[M].长春:吉林出版集团股份有限公司,2018.

[6] 蒋景东,金晶.高职学生英语学习阻碍机制应对策略"协同"研究[M].杭州:浙江大学出版社,2015.

[7] 李宪美.大学生外语学习焦虑研究[M].合肥:合肥工业大学出版社,2014.

[8] 刘蕊.教育生态化视角下高校英语教学创新研究[M].长春:吉林出版集团股份有限公司,2021.

[9] 莫英.信息化背景下大学英语教学改革与创新思维[M].成都:四川大学出版社,2018.

[10] 邵雪梅,吕彤,何美佳.新形势下的大学英语教学改革与实施探究[M].上海:上海交通大学出版社,2018.

[11] 史利红.大学英语教学中学习拖延问题研究[M].北京:北京理工大学出版社,2019.

[12] 苏一凡.多模态英语教学理论与实践[M].北京:中华工商联合出版社有限责任公司,2022.

[13] 王欣, 孙珊珊. 英语专业教育改革课程思政与价值引领 [M]. 上海: 上海外语教育出版社, 2022.

[14] 王志敏. 外语学习动机激发策略的理论与实证研究 [M]. 北京: 光明日报出版社, 2014.

[15] 吴秉健. 教师网络学习共同体与英语教学数字化融合创新 [M]. 北京/西安: 世界图书出版公司, 2019.

[16] 杨涛. 外语学习倦怠与动机关系研究 [M]. 北京: 科学出版社, 2015.

[17] 俞婕, 魏琳. 数字化时代大学英语翻转课堂新探索 [M]. 北京: 冶金工业出版社, 2022.

[18] 俞丽芳. 基于应用型外语人才培养的专门用途英语 ESP 教学探析 [M]. 成都: 电子科技大学出版社, 2018.

[19] 臧庆. 英语教学与文化融合 [M]. 北京: 北京工业大学出版社, 2020.

[20] 战德臣. MOOC+SPOCs+翻转课堂: 大学教育教学改革新模式 [M]. 北京: 高等教育出版社, 2018.

[21] 张娇媛. 高校英语混合式教学与信息技术应用 [M]. 天津: 天津科学技术出版社, 2019.

[22] 张亚锋, 刘思佳, 万镭. 专门用途 (ESP) 英语教学的探索研究 [M]. 西安: 西北工业大学出版社, 2019.

[23] 钟玉芹. 大学英语混合式教学探究 [M]. 北京: 电子工业出版社, 2017.

[24] 沈霞娟. 促进大学生深度学习的混合学习设计研究 [D]. 西安: 陕西师范大学, 2021.

[25] 卜彩丽, 胡富珍, 苏晨. 为深度学习而教: 优质教学的内涵、框架与策略 [J]. 现代教育技术, 2021, 31 (7).

[26] 陈曼倩, 薛慕雪. 高职院校空乘专业英语数字化教学资源建设研究 [J]. 哈尔滨职业技术学院学报, 2022 (6).

[27] 杜娟, 李兆君, 郭丽文. 促进深度学习的信息化教学设计的策略研究 [J]. 电化教育研究, 2013, 34 (10).

[28] 高维婷. 信息化时代英语教师的新媒体素养及数字化英语教学模式研究——评《教师网络学习共同体与英语教学数字化融合创新》[J]. 中国科技论文, 2022, 17 (12).

[29] 郭凤仙. 构建良性"心理暗示",激发学生英语学习的热情 [J]. 考试周刊,2011（11）.

[30] 郭华. 深度学习及其意义 [J]. 课程·教材·教法,2016,36(11).

[31] 何克抗. 深度学习：网络时代学习方式的变革 [J]. 教育研究,2018,39（5）.

[32] 何玲,黎加厚. 促进学生深度学习 [J]. 现代教学,2005（5）.

[33] 胡芳毅,王宏军. 从"任务链"到"生态圈"：大学英语教学的生态建构 [J]. 外语教学,2019,40（2）.

[34] 杨芳. 过程体裁教学法在英文简历写作教学中的应用 [J]. 商品与质量,2011,（SA）:188.

[35] 杨芳. 大学英语写作中的衔接失误 [J]. 山西教育(教学),2010,(07):46-47.